すごい「お清め」プレミアム

呪いが解けちゃう！

Nakai Youka
中井耀香

KADOKAWA

はじめに

こんにちは。
中井耀《よう》香《か》です。

私はこれまで１５０００人の人にアドバイスをし、
幸せに生きるお手伝いを
させていただいてきました。

鑑定に加えて、インターネットで
毎日、ブログを更新し、
その日に役立つ情報を発信しています。

最近、応援してくださる方も増え「中井さんのお話は参考になった！」
というご感想が日々届き、大変、嬉しく思っています。

さて、様々な方を鑑定し、お話をお聞きする中で、
私は難《なん》を受けやすい人が一定数、存在することに気付きました。
そういう方は、呪いをもらっているのです。
そのため、毎日を幸せに過ごせないのだとわかりました。

呪いは人からもらうこともありますし、
自分の中で呪いをつくり、醸成し、それにとり憑かれてしまうほど
大きくしてしまう人もいます。

そうなってしまうと、イライラして人と喧嘩をしてしまったり
何かに依存してしまったりと、
健全な生活から隔たりを持つようになってしまいます。

そこで、お清めをして、常に心身ともにきれいにして
「呪われない」状態を維持しておくことが大切なのです。

どんな人でも、人間ですから、なにかの拍子に「魔がさす」ことがあるのです。
それにより、呪いを受けるのです。

これをできるだけ、避けることが大切です。
そのために大切なのが、次の3つの方法です。

1　清浄に保ち、ときに祓う
2　難を避ける
3　感謝する

これは、この本の全ての項目の根底に流れる、基本の考え方とご理解ください。
それでは、この3つについて詳しく見ていきましょう。

呪いを解く基本✦1

清浄に保ち、ときに祓う

神社は埃一つなく清浄に保たれていますね。正式参拝をさせていただく折に、上がらせていただくご本殿では、清浄さが極まって、神聖な異空間になっている場所もあるほどです。神様は清浄な場所に降りていらっしゃいます。

常に清浄を旨として、外からの「ケガレ」を祓い、身と場を清らかに保つことで、神様とつながっていられるのです。そして、これにより「魔のエネルギー」から自分を守ることができるのです。

呪いを解く基本✦2

難を避ける

易経の大切な教えに「趨吉避凶《すうきちひきょう》」という考えがあります。常に難を避ける生き方が吉を呼ぶというものです。

易の師匠の方からこう言われたことがあります。「華僑の人たちは、怪我や事故に遭いやすい年回りのときは、その事象を先取りして、献血をして血を抜いたり、家の中の要らないものを、わざと大きな音を出して壊したりする」と。これも難を避ける一つの方法なのです。お金を失う年回りのときには、先に寄付をしてしまってお金を出して難を避けたりもします。「これをすると良い」ということをする前に、「悪いことを避ける」のが先なのです。

呪いを解く基本✦3

感謝する

三次元の世界は、魔的なエネルギーと神様からの愛のエネルギーが混在している世界です。「魔」のエネルギーを受けないことが大切です。「魔」のエネルギーは感謝のエネルギーが苦手。反対に、不平・不満のエネルギーは大好物です。この手のエネルギーを出していると、魔のエネルギーと呼応し、魔があなたのそばに寄って来てしまいます。そうなると、本来の自分の人生を進められなくなってしまいます。「魔」は感謝のエネルギーが苦手です。「ありがとう」と言うと魔は去っていきます。そして、些細なことにも感謝できる方は、小さな幸せを手に入れます。小さな幸せに感謝できる方は、大きな幸せを手に入れます。

ありがとう
ございます

朝から晩まで

耀香流 24時間お清め生活

さあ、お清めの基本は理解できましたね。
それでは、1日をどうすごせば呪いを避けられるか、具体的に見ていきましょう！

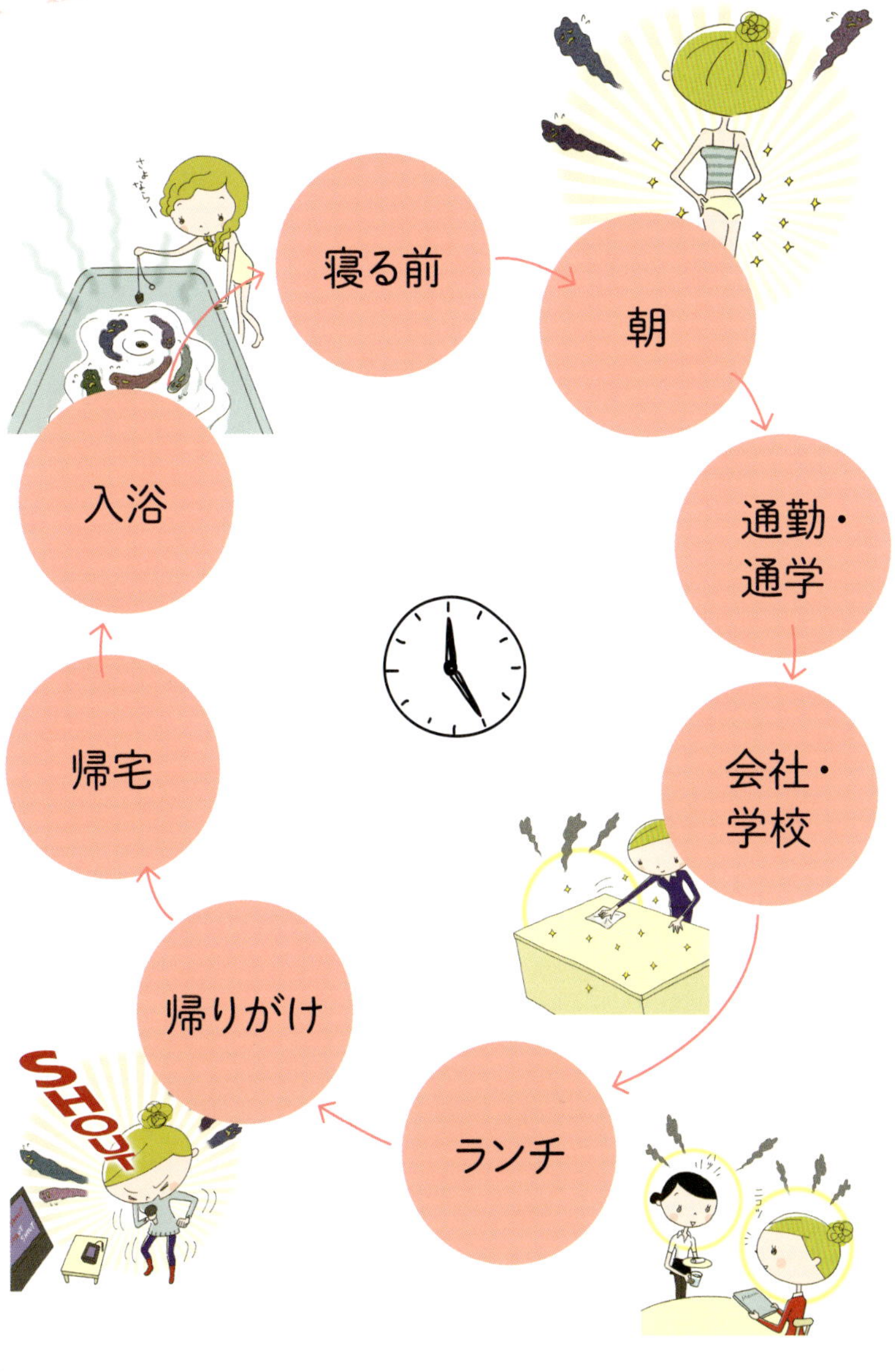
寝る前
朝
通勤・
通学
会社・
学校
ランチ
帰りがけ
帰宅
入浴
SHOUT

朝

パンツを変える

　私は以前師のお一人から、「人は寝ている間もケガレを受けているから、朝起きたらパンツをはきかえろ」と習いました。これが祓いになると言うのです。また、「人は毎朝新生する」という考え方もあり、その儀式としてやってもいいと思います。生殖器と口はダイレクトに身体の内部とつながる場所。特に清浄に、という意味もあるようです。

通勤・通学

「サンバラサムハラ」と唱え続ける

一歩外に出ると、どんな出来事に遭遇するかわかりません。そんなときに難を避ける言葉が、「サンバラサムハラ」です。戦争中に兵隊さんが戦地に赴いた際に、この呪文を服の内側に縫い付けたら、弾丸に当たらず戻って来れた、という真言（密教の真実の言葉）です。口癖にして、移動の際には唱えてみてくださいね。

サッソバラサムハラ

会社・学校

着いたらまず机を拭く

人が共同でいる場所には、様々な「氣」が充満しています。人がその場所からいなくなっても、空間にはそれが残ります。日中そこにいた人が出していた「氣」が、空間から夜の間に下に落ちて、机に付着してしまいます。他人がいるオフィスや学校では、その日を気持ちよくスタートさせるために、まずは机を拭くことから始めたいものです。

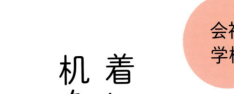

ランチ

お店の人に微笑みかける

　お店の人に横柄な態度を取る人は最悪です。お金を払ってやってる方が偉いんだぞと言わんばかりの人です。こんな人は魔に好かれてしまいますよ！　サービスを提供してくださるお店があり、店員の方がいてくださるから、そのサービスを享受できるのです。お店の人に「ありがとう」と微笑みかける習慣を持ってください。魔が去りますよ。

ハッ
ニコッ
Menu

帰りがけ

カラオケでシャウトする

　仕事中に人から強い怒りのエネルギーを感じたときは、その相手にモヤモヤをぶつけた方がいいのですが、なかなかそれもできませんよね。そういうときは、「一人カラオケ」です。大声で歌いましょう。その人への怒りのエネルギーを歌声に転換して外に出すのです。すると、悪いエネルギーをため込まずにすみます。

SHOUT
SHOUT
SHOUT
SHOUT

帰宅

玄関前で肩に塩を振る

人は毎日、多くの方とかかわっています。実際に話したりする人以外に、電車やコンビニなどですれ違う人も含めて、大小の「ケガレ」を受けてしまいます。家に入る前には一旦、そのケガレを落としましょう。それには、玄関前で自分の肩に塩を振るといいのです。小さめの容器にお塩を入れて、携帯しましょう。

入浴

垢も呪いも水に流す

日本人は「水に流す民族」と言われています。多くの出来事を水に流せるのです。強くケガレ（呪い）を受けたときには、昔は裸で海に入って、ケガレを落としていたのですが、今は毎日、海に入るわけにはいきませんね。そこで、大さじ２杯くらいのお塩を入れた「塩風呂」に入ってみてください。汗を出し、ケガレも水に流され、さっぱりとしますよ！

さようならー

寝る前

反省しない

寝る5分間前の「想い」が次の日をつくります。ベッドや布団に入ってから、今日起こったことをうじうじ考えたり、くよくよすると、次の日もその感情からのスタートとなってしまいます。これでは、疲れも取れず、やる気も出ず、もったいない1日になってしまいますよ。「忘れさる」ことが、呪いを引き継がないコツです。明日は生まれ変わるという気持ちで眠りにつきましょう。

目次

第1章 呪いをもらわない

第2章 魔がささないようにする

第3章 自分の人生を全うする心がけと習慣

お清めコラム

本文イラスト／STUDIO　二猫力（阪本チヒロ）
本文デザイン／吉村　朋子

第1章

呪いをもらわない

呪いとはそもそも何か？

「呪い」というとおどろおどろしいイメージを持ってしまいますが、簡単にいうと、呪いとは強いネガティブなマイナスの想いが一つに固まったエネルギー体です。

毎日少しずつたまっているマイナスの感情が、ある一定量を超えたときに固まった状態になってしまいます。映画の『呪怨』や『リング』の「貞子」くらいまで凝り固まった最大級のエネルギーまでいくには、かなりのネガティブエネルギーが固まっていいます。それが呪いのエネルギーです。それがその人の中で大きく強くなっていくと、どんどん運を下げてしまい、同時に「同質のもの」を引き寄せてしまいます。ですから、マイナス感情がわいたときには、その都度、消していくといいのです。他人から呪いをもらうこともありますが、自分の中でも呪いはつくられていくので注意してください。

マイナスの感情がたまり、固まり、呪いになる

憎しみ続けると呪いになる

コンビニのレジで順番待ちしていたときに横入りされて、「チェッ」というマイナス感情が起こる。そのまま「ふざけないでよ！」と入ってきた人間を睨み続け（いわゆる「ガン飛ばし」）、会社に戻ると、残業を頼まれてしまう。「何で私ばっかり」とムカついた感情のまま残業を続ける。その後も家に帰って食事しながら、ずっとレジの横入りと上司への不満を強く思い続ける。こんなふうに嫌な感情を長く持ち続けてしまうと、マイナスエネルギーが固まり、「プチ呪い」になるのです。

その呪いは、とんでいき、他人を不幸にします。これが人を呪っている状態です。呪いを受けた人は呪われ、運気が下がります。さらにその念は、呪いを譲成している人の所有物などにとどまります。悪い氣を発するようになります。こういう呪いの念がこめられた物をもらってしまうと、これまた運が下がります。ただ、他人を呪っていると、なんと3倍返しになって自分に返ってきてしまいます。自分の運気も、ずーんと下がってしまうのですね。ゆえに、大切な自分の人生を台無しにしないよう、長いこと抱えている怒りや悲しみなどの不快な感情は、手放しましょう。

長いこと抱えた怒り、悲しみは手放さないと……

呪われないためには「迷わない！」

「魔」は音霊《おとだま》で「ま」です。「迷い」も「ま」から始まります。この音霊は同じ物と共鳴します。魔が寄ってくる人は、迷っている人に多いです。「迷う」は「魔が寄る」に通じるんです。

迷う人は、決めることができません。グチグチは言うのですが、ハッキリしません。意見を求められても、しゃきっと答えを出せず、常に誰かに決めてほしいと人に依存しています。誰かに決めてもらってうまくいかなかったことは、その人のせいにできると思っていて、姑息さも内心持っているのです。

例えばセミナーやイベントに行きたいと思ったら、普通は、どうやって行こうか考えます。遠い場所なら交通手段をどうするか、仕事があるなら日程の調整をどうやろうか、まずは「行く」と決めてから、その後のことを考えますね。

迷いすぎる人には魔が寄ってくる

「決められない人」には要注意！

迷いが多い人は、行きたいなぁ〜、でも遠いしなぁ〜、でも行きたいしなぁ〜、でも仕事あるしなぁ〜と、無意味な思考のループで頭がぐるぐるしています。普段の些細なことでもずっと迷っています。友人と入ったレストランでも一人だけメニューが決められません。「ハンバーグもいいけど、パスタもいいし、デザートにプリンも食べたいし」と決める順番もわかっていません。周りの人が「じゃあハンバーグにしなよ」と言っても絶対に「わかった、そうする」とは言いません。人の言うことは聞きたくないのです。とても我《が》が強いのも特徴です。普段へナへナしているのでそうとは知らず、周りの人は意外と振り回され、疲れます。

実は一旦「決める」と、その後どうすればよいかは勝手に守護霊が動いて段取りしだすのです。例え最初、難しいと思っても、その後、「やると決める」と、守護霊がなんとかしてくれるのです。実は打つ手は無限にあるものなのですね。予想もしない方法で、実現したりするものです。無駄に思い煩うと、魔が大好きな迷いのエネルギーが出て、魔が寄ってくるのです。

一旦決めれば、守護霊がなんとかしてくれる

呪われそうなときはこれをやれ！

人から呪われる、というのは、ねたみ、そねみ、憎しみの感情を持たれたときです。そういう呪いはとんできて、人にとり憑きます。寒けがしたり、ふるえたり、原因不明の病気になったりする人もいます。こういう状態は、呪いが祓われるまで、長く続きます。運が悪くなり、会社の売上が下がったり、人間関係が悪くなります。

また、一緒にいると、何だか毎回どっと疲れる人もいます。同じグチをずっと言い続けたり、人を強く威圧したり、店員さんにクレームを言ったりする人です。こういう人からも呪いをもらってしまいます。

そんな中でも、一人でずっとしゃべり続ける人は要注意です。人の話をよく理解せず、都合よく自分の解釈で受け取るので、周りの人を疲れさせます。こういう人からも、意外と呪いをもらいますので注意しましょう。

人の話を聞かず、自分ばかり話す人は要注意

嫌なコミュニティーからは断固離れる

こんな人と一緒にいて、呪いをもらった場合には、その人がトイレに立ったときや、帰った後に、シュッシュッと手裏剣のポーズを取って、見えない手裏剣を相手に投げつけるように手を切ります。こうすると、縁が切れて、会わなくてすむようになります。そのときに「シュッシュッ」と声に出すとさらによいです。自分の中に入り込んだ相手からの魔的なエネルギーが、発声することで外に出て行ってくれるので、ケガレを受けずにすみます。

また、「あなたの足を引っ張るコミュニティー」に所属している人は、そこから距離を置くことをおすすめします。洋服や髪形を変えると、「似合わない」「派手すぎ」と言ってきたり、「起業しようかな」と言ったら、「無理だよ」「家族が心配するよ」などのネガティブな言葉をかけてくる人が多いコミュニティーとは、距離を置きましょう。ネガティブ思考の人の中にいると、いつの間にかその考え方に「洗脳」されてしまい、自分が自分らしくいられなくなってしまいます。ほこりと同じで、「ネガティブという呪い」も知らないうちにたまっていくのですね。

嫌な人と縁を切りたいときは「手裏剣切り」を！

お清めコラム

陰陽太極図《いんようたいきょくず》の威力

勾玉《まがたま》が反転して重なったマークを「陰陽太極図」といいます。勾玉には不思議な力があり、縄文時代より神事に使われ、魔除けにも使われました。神代《じんだい》には、スサノオノミコトがヤマタノオロチを退治した際に身に付け、それを天照大神《あまてらすおおみかみ》様に献上し、ヤサカニノ勾玉となって、三種の神器となりました。丸い部分は、太陽を表し、尾の部分は月を表しています。一つの勾玉に陰陽が宿り、二つの勾玉が右回りに弧を描いて、陰陽が常に循環して流れているさまを表しています。陰陽は表裏一体なのです。このマークを利用して、悪いことを良いことに転換できます。空気がよどんでいる場所にこのマークを貼ると、悪いエネルギーを良いエネルギーに転換してくれます。最近なんだかいろいろなことがうまくいかないと感じているなら、このマークを貼ってみましょう。

呪いをもらう人の口癖

知らないうちに無意識で使ってる口癖が呪いを引き寄せます。「でも」「だって」「そうは言っても無理だし」「どうせ〇〇だし」などの言い訳や、「死ね」「クソ」「カス」などの強力な否定言葉は使わないようにしましょう。

「なんで私ばっかり」「いつも私ばっかり」などの被害者意識の言葉もよくありません。「こんな夫じゃなかったら」「こんな親に育てられなかったら」「こんな田舎に生まれなかったら」「こんな会社に入らなかったら」など、特定の環境や周りの人のせいにした発言をしたり、強く思っている人は、呪いを受けてしまいます。

愚痴や不平不満は口にするのはやめましょう。また、テレビや人のブログやSNSを見て、人を強く否定したり、非難したり、個人攻撃を書き込む人も、魔的なエネルギーにとり憑かれてしまいます。

悪い言葉を発すると、悪いエネルギーをまとう

「自分は人とは違う」というおごり

さらに、もっと呪われている人は、「自分は人とは違う」という選民意識を持っている人です。何か自分だけ特別な存在だと真剣に思い込んでいる人です。自分は宇宙創始者の生まれ変わりだとか、釈迦の生まれ変わりだとか、聖徳太子の生まれ変わりだとか、地球を救うために宇宙船団でやってきたとか。

「寸善尺魔」という言葉があります。世の中には善なることは少なく、魔的なことがずっと多い、という意味です。「神の声が聞こえた」という人がいますが、そういう場合、低級霊や動物霊がとり憑いて、愛や平和をその人に語らせ、人のエゴをくすぐっているのです。神の名を語り、人を動かす人には気を付けましょう。いかにも怪しい出で立ちの人になら注意できますが、普通の身なりであなたは選ばれた人だと、耳触りのよいことを言ってくる人もいますから注意しましょう。古神道では見えたり聞こえたりしたものはまず疑い、そして、また疑い、徹底的に疑って見えた一筋の光が真実と観ます。幾重もの確認をするものなのです。「見えた」「聞こえた」という人の言うことを簡単に信じず、冷静にうけとめ、謙虚な姿勢でいるようにしましょう。

「自分は特別」と思い込んでいる人には注意！

呪いの言葉はこんなに強い

日本語はすべての音が母音で終わる（「ん」を除く）、母音型の言語です。この母音は宇宙に広がる強さがあり、霊的な力を持ち合わせます。言葉が人に与える力も強いです。「ありがとう」「嬉しい」「楽しい」「幸せ」「感謝します」なども、他言語ではなく、日本語で話す方が「言霊」としては強く宇宙に伝わります。日本では古来より、言葉の力を有効に使ってきました。「ひふみよいむなやこと」は1～10までを数えるときに使われていた言葉ですが、この十言《とごと》は遺伝子レベルにまで憑いたケガレを洗う、と言われています。

一方で、「死ね」「ぶっ殺す」などの強力な否定語を、最近では簡単に口にしますが、それを相手に向けると相手の人への「呪詛《じゅそ》」になってしまい、これまた3倍になって自分に返ってきます。

相手への呪詛はいずれ3倍になって自分に返る

場を清めるお祓い言葉

口にするといいものに「真言《しんごん》」と「祝詞《のりと》」があります「真言」とは密教に由来する真実の言葉、祝詞とは神道の神に祈る言葉です。いずれも場を清めてくれたり、難を遠ざけてくれます。まず、巻頭でも紹介しましたが、おすすめの真言が、「サンバラサムハラ」です。口にすると、大難を小難に、小難を無難にしてくれます。古くは加藤清正が自分の刀に彫ったことでも有名です。大阪にある「サムハラ神社」はそのご神徳をいただいた人達で大切に守られています。

また、祝詞の「祓いたまえ清めたまえ」という言葉があります。外でついたケガレを流してくれます。これをお風呂で3回唱えると、水と一緒にケガレが流れていきます。寝るときに3回唱えると、今日起こった嫌なことが洗い流されます。

ここで一つ注意点を。祝詞は日常的に使われている日本語を凝縮した、強いエネルギーがあるものなので、あくまでも自分のために上げてください。人前で「私、ちょっと知ってるのよ」と知識をひけらかす気持ちで上げると、かえって強い魔を引き寄せてしまいます。

今日起こったことが洗い流される祈りの言葉

お清めコラム

知っておきたいお祓い言葉

「ひふみよいむなやこと」

これはひふみ祝詞の最初の十の言霊です。昔は数を数えるのも「ひふみ」と数えていました。龍神祝詞では、トクサの御宝《みたから》と書かれています。この十の言霊は、魂の傷を癒やし、魂の過去世でのトラウマも清めてくれるといわれています。病気のお祓いなどにも効果があります。昔の人は生活の中でこの十言を日常的に使い、常にケガレを祓っていたのですね。短く「ひふみ」と3回唱えると、ざわざわしていた心が落ち着きます。強い魔を感じたときは「ひふみよいむなやこと」を10回唱えて、百の数にしてみてください。効果が増します。

「祓いたまえ 清めたまえ」

神社のご本殿でご祈願を出したときの祝詞で最後に上げるお祓い言葉です。魔の存在は日常的に自分の周りにも、自分の内なる存在にも潜んでいます。だから気を抜かずに、常に自分に祓いをかけて身を守る必要があるのです。人に会ったり、外に出たり、それだけで氣が枯れます。ケガレを受けてしまうのです。氣が枯れると魔にやられます。今日は何だか人に会って疲れたな、というときこそ、この祝詞を上げて魔を祓ってみてください。3回唱えるといいです。

呪いを寄せつけない姿勢で自分を守る！

実は思っている以上に魔的なエネルギーはそこかしこに満ちています。以前と比べて総量も多くなってきているように思います。これは道徳的概念が日本人の意識から減っていき、不平や不満を口にするのが正当な権利のように思っている人が増えたことにも起因するように思います。

魔の大好物な「不平不満エネルギー」を人が出すと、どんどんそのエネルギーを吸収して魔的なものが増幅します（反対に「感謝エネルギー」を出すと、魔がしぼんで神様が微笑みだします）。辺りにウヨウヨしている魔を自分の中に入れないように、気をつけることが大切です。

この魔を取り込みやすい姿勢があります。「猫背」です。魔的なエネルギーは、肩甲骨の間から入り込むのです。そこを広げてはいけないのです。

猫背は魔が入りやすい姿勢。気をつけよう！

背筋を伸ばして立つ

立つときは「マリオネット立ち」が運がよくなります。頭のてっぺんから糸が出ていて、天につながっていて、その糸をご自分の祖神様《おやがみ》（祖先神）がちゃんと持っていてくださり、導いてくださっているようなイメージを持って立つことです。

もう一つは肩甲骨を絞める「春日立ち」をおすすめしています。お笑いコンビ「オードリー」の春日さんみたいに、胸を張って肩甲骨を寄せて立つと、魔が入ってこれません。猫背で運のよい人や、成功している人、お金持ちの人を、私は見たことがありません。腹筋を鍛えるとキチンと立てるようになりますよ。

さらに自分の身を守るには、魔の大好物の「不平不満エネルギー」をまかないこと。また、起こってもいないことに勝手に不安を抱いて、あれこれ想い悩む人も魔に好かれてしまいます。取り越し苦労をしないこと。魔の大好きなエネルギーが出ますから。また、「劣等感」も魔の大好物です。「私なんて」「どうせ」とふくれ面をしていると、魔があなたに寄ってきます。自分からはマイナスエネルギーを出さずに、魔と同調しない。すると、魔に憑依《ひょうい》されなくなります。日常の言動に気をつけましょう。

「マリオネット立ち」で背筋を伸ばすといい

呪いの場所に行ってはならない！

お盆や年末に、テレビで「心霊スポット」の特集をよくやっています。おばけが出ると評判の場所に、カメラが入って、レポーターの方が「ギャーッ！」と声をあげるというものです。ただ、「あそこは出る」と言われている場所に行くのは、本当にマズイ、です。そういう場所には、不成仏霊や魔物化した霊、動物霊や地縛霊など「邪《よこしま》な霊」が人が思っている10倍は存在します。

また、よく柳の下で幽霊を見たという人がいますが、なぜか幽霊は柳が好きなのです。柳にも近づかないこと。さらに、幽霊は不浄な場所も好きです。人が殺された場所、事故が起こった場所、廃墟や墓地などです。とにかく、「霊が出るスポット」には絶対に行かないことです。興味半分で行って、もし霊が憑いてきてしまったら、人生が自分のものではなくなってしまうことすらあるのです。

呪いの場所に行くと憑き物をもらうことも

呪いをもらうとどんな感じがするか？

かくいう私も何度か呪いを受けたことがあります。呪いの種類は様々ですが、強い呪いを受けたときは飛行機の中で発狂しそうになりました！　心臓がドキドキして、冷や汗が出て、手がブルブルと震えました。今、思い出しても苦しくなるような経験です。これはかなりひどい体験ですが、じわじわと呪われるときもあります。悪縁の人から受ける呪いです。最初はわからないのですが、段々と一緒にいるとしんどくなってきて、回を重ねるごとに身体が辛くなってきます。

これは、この人とこれ以上会うと大変なことになると、守護霊が強制的にストップさせているのです。守護霊は、その人の身体に訴えて反応を出させます。心臓がドキドキしたり、手が震えたり、足がどうにも前に進まなくなったりします。時にはパニック症状を起こさせたりします。うつ病などに発展する場合もあります。それほどひどくなる前に、違和感をキャッチして、その原因になっているものと縁を切ったり、距離を取ったりしないといけないのです。嫌な感じがするときは、すぐに塩を振って、お祓いをしてください。

呪われると、心臓がドキドキして手が震える

お清めコラム

塩を振る順番の意味

お塩を振るときは肩に、「左→右→左」の順番に振るといいのです。左は「過去」を、右は「未来」を表します。呪いは過去に受けているので、左肩に二度振るのです。お塩は天然の粗塩やブラックソルトがいいです。小さな容器に入れて携帯し、街中でも嫌な感じがしたら、トイレなどで肩に塩を振るといいですよ。

第2章

魔がさささないようにする

人間はどうしても魔がさす生き物

人はどうしても魔がさす生き物です。感情が、曼荼羅のようにつながっているからです。愛という感情は、「親しむ」「慕う」という相生《あいおい》の感情ですが、乞《こ》う（「恋う」からつながる）という、ネガティブな感情ともつながります。誰かに愛する人を取られると憎しみが出てきますね。「喜ぶ」という感情も、「想う」や「笑う」という相生の感情と同時に、悲しむという感情ともつながります。喜ぶことがなくなると悲しみが現れます。愛だけを求めたり、喜びだけを求めてもそれは無理なのです。

だから神道では「常に中庸」を大切にしなさいと言われます。嬉しいことがあっても、「あっ、そうなんだ」、悲しいことがあっても「あっ、そうなんだ」と、感情を極端にぶれさせずにいつも真ん中でいるようにする。この訓練をすると神様に近づけるのです。

感情を極端にぶれさせず「真ん中」にいること

怒りや悲しみは抱えたままにしない

そうは言っても人間なので、悲しいときや腹立たしいときは当然あるでしょう。そういうときは、声を出してじゃんじゃん泣いてください。涙は最大の浄化の一つになります。泣くと、様々な感情が浄化され、さっぱりとします。心の中の「しこり」がなくなります。うつ病にかかる人は泣きたいのを我慢する傾向にあるそうです。子どものときに「泣くな」と言われて、我慢させられると、泣くことに罪悪感を持ってしまいます。まずは、人は泣ける映画を見て、「気軽に泣く」工夫をしてみてください。

抱えたままの怒りは、抑えたつもりでも、気を抜いたときにふっと湧いてきますので、早めに処理しておきましょう。「1人カラオケ」でシャウトするのもとても効果がありますよ。怒りを感じる相手に手紙を書くのも効果があります。その手紙では、恨み・つらみ・怒りを書きなぐってください。罵詈雑言あってよし。言いたかったことを全部書きます。そしてそれをビリビリとやぶります。川に流してもいいです。

その後は、自然の中でいい氣をチャージしましょう。魔は清浄なものを嫌がるので、神社などでぼーっとするのもいいですよ。

涙を流すことは、心の浄化になる

悪縁とはできるだけつながらないようにする

「ご縁がありますねぇ〜」という言葉をよく使います。この場合、縁があることはいいことなのですが、縁にもたくさんの種類があります。くされ縁、良縁、友の縁、愛でつながる縁など様々です。中でも厄介なのが「悪縁」という種類の縁です。縁があるので、悪いものなのに確率的に引き寄せやすいです。DVやモラハラをする夫なのに、なかなか別れられないのも、悪縁という縁があるからです。

ですが、悪縁の人とは最初に会ったときに一瞬だけ「おやっ?」と自分にしかわからない「違和感」を感じるものです。それは守護霊からのサインです。守護霊はあなたが生まれた瞬間から、あなたが本来の目的に向かうように導こうとする唯一の応援者です。その守護霊からのメッセージを、「でも彼、お金持ちだし」などと「我」を出して打ち消してしまわないようにしましょう。

最初に会ったとき違和感があったら要注意！

運を下げる縁を長引かせない

学生時代の友人とか、昔の職場の仲間とか、「過去、一緒に過ごしたから」という理由で関係をつないでいる人。「もう○○年も付き合っているから」と、心がとっくに離れているのに恋人関係を続けている人。時間の共有が長いというだけで、「不毛の関係」をこの先も続けようとしている人は意外と多いです。これまで費やした時間がもったいない、という気持ちで一緒にいて、イライラしたり、不愉快にさせられているとしたら、それこそがあなたの人生にとって、「もったいない」ことです。

なくした時間に執着していると、これからの人生が台無しになってしまいます。人との関係は常に「ｗｉｎ－ｗｉｎ」でこそ気持ちよく継続させられるのです。一緒にいて楽しい友人がいないとしたら、一人でいる勇気を持つこと。そうして、悪縁の人との関係を整理して手放すと、新しい人が現れます。例えば、若いときからだらだらと不倫を継続して40代半ばを過ぎて、子どもをもうけなかったことを後悔する。その後悔は50歳、60歳を過ぎるとさらに強くなり、自分の人生への呪いになってしまいます。あなたの残りの人生で、今が一番若いのです。常にこのことを意識してください。

不幸せになる悪縁は、早めに整理すること

お清めコラム

紙垂《しで》をつくる

神主さんがお祓いをしてくださる祓串《はらえぐし》の紙、しめ縄に刺さっているもの、横綱の土俵入りの際、まわしにささっているギザギザの形のものを、「紙垂」といいます。雷の稲妻を形どった「型霊《かただま》」です。雷は魔を祓って豊作をもたらす神様です。

紙垂は自分でもつくれます（イラスト参照）。必要なのは清浄な半紙です。自分でつくって、白木に刺したり、榊《さかき》に付けたりして、自分のいる場所（自分の部屋、会社の机など）を祓ったり、自分自身に祓いをかけたりすることに使ってみてください。どうも家がよどんでいると感じたり、「落ち着かない」と感じたときに、家の中のその場所を清めてみてください。「左→右→左」の順番で振ります。

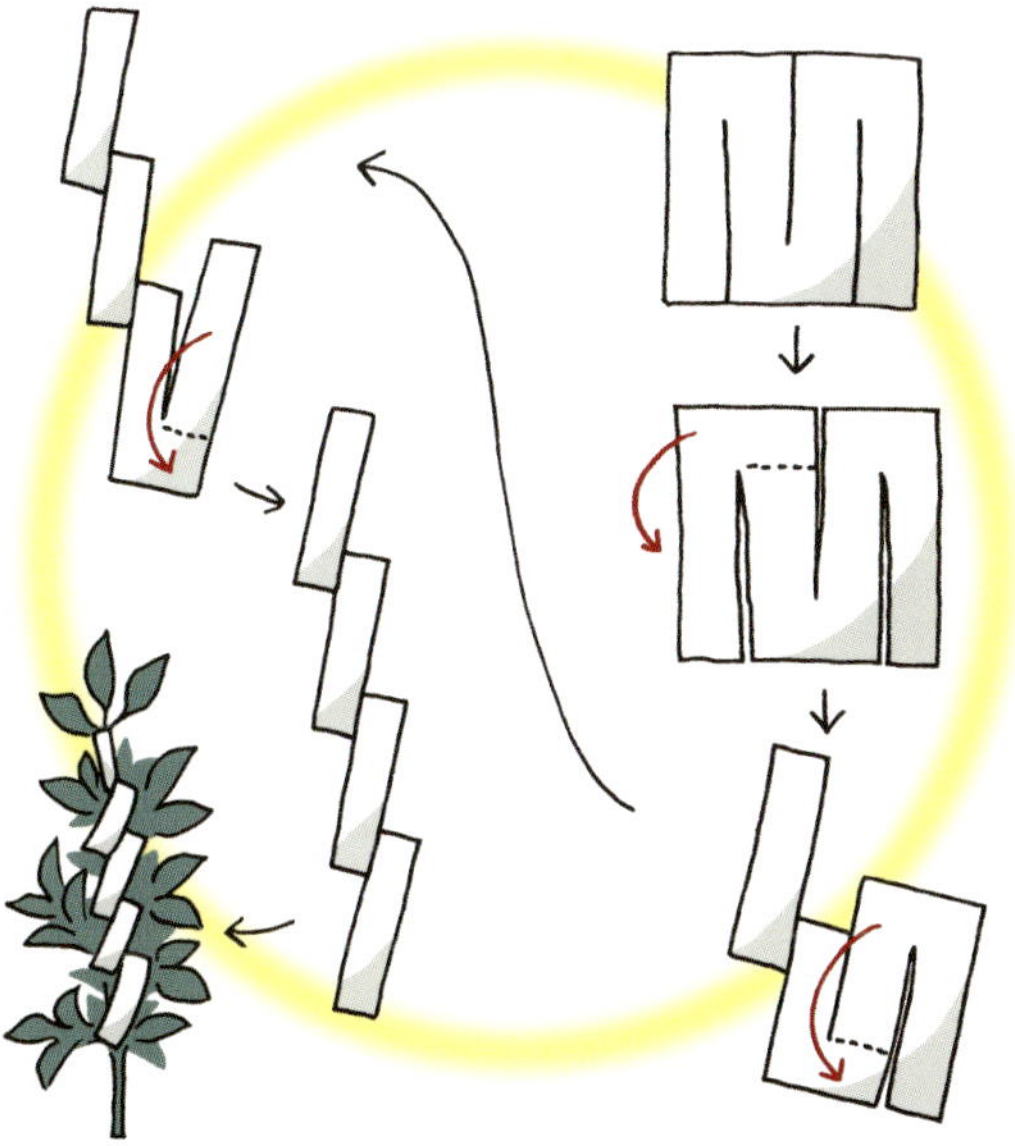

魔の数「破壊の数」を避けよ！

古神道の数霊《かずだま》について私は学んできました。これは、数で神様のご神意を読み解く方法なのですが、その人が持っているカルマ（生まれながらに背負ってきた業《ごう》）も数によってわかります。それが「破壊の数」というものです。自分でその数を使うと、そのカルマと呼応して、災難を引き寄せてしまいます。

高速道路で事故死したある著名な方は、3と6が破壊の数だったのですが、破壊の数が3の人が事故に遭いやすい年回りに、3の日の3の時間に「33」（3＋3→6）というナンバープレートを付けた車で亡くなられました。このように破壊の数が重なると命に関わることがあるので徹底的に避けることをおすすめしています。私は「国道○号線」という道路番号も気にしています。破壊の数になる道路は、絶対に車で走りません。電車も破壊の数の号車、席は絶対に座らないようにしています。

破壊の数がついたナンバーの車、道は避ける

「破壊の数」をとにかく避けるのがいい

生まれ年別の破壊の数一覧表を見て、住所や電話番号、銀行の暗証番号、車のナンバーなどを1ケタの数になるように足し、それが自分の破壊の数と一致していないかを確認しましょう。破壊の数だったら魔が入りやすくなりますので、番号を変更するか、足して破壊の数にならないように、「1」などの数字を紙に書いて壁に貼ったり、携帯電話に数字をシールで貼ったりしましょう。

住所の場合

町名よりあとの数字を、1ケタになるまで足していきます。

（例）東京都千代田区△△1－2－3　△△ビル305号　の場合

1＋2＋3＋3＋0＋5＝14

さらに「14」の1と4を足して　1＋4＝5

この住所の持つ数は「5」となります。

破壊の数一覧表　1915～2018年生まれ

	破壊の数		破壊の数		破壊の数		破壊の数
1915	7と9	1941	7	1967	8	1993	2と3
1916	2と9	1942	3と9	1968	7と9	1994	4
1917	1と4	1943	2	1969	5と9	1995	5と7
1918	6	1944	3と4	1970	2と7	1996	2と9
1919	5と8	1945	6と8	1971	4と8	1997	2と5
1920	1と6	1946	1と8	1972	5と6	1998	4と6
1921	2と3	1947	1と2	1973	8	1999	3と6
1922	4	1948	3と8	1974	1と9	2000	3と8
1923	5と7	1949	2	1975	3と6	2001	1と4
1924	2と9	1950	3と7	1976	6	2002	3と9
1925	2と5	1951	9	1977	7	2003	8
1926	4と6	1952	2と9	1978	3と9	2004	7と9
1927	3と6	1953	1と4	1979	2	2005	5と9
1928	3と8	1954	6	1980	3と4	2006	2と7
1929	1と4	1955	5と8	1981	6と8	2007	4と8
1930	3と9	1956	1と6	1982	1と8	2008	5と6
1931	8	1957	2と3	1983	1と2	2009	8
1932	7と9	1958	4	1984	3と8	2010	1と9
1933	5と9	1959	5と7	1985	2	2011	3と6
1934	2と7	1960	2と9	1986	3と7	2012	6
1935	4と8	1961	2と5	1987	9	2013	7
1936	5と6	1962	4と6	1988	2と9	2014	3と9
1937	8	1963	3と6	1989	1と4	2015	2
1938	1と9	1964	3と8	1990	6	2016	3と4
1939	3と6	1965	1と4	1991	5と8	2017	6と8
1940	6	1966	3と9	1992	1と6	2018	1と8

破壊の数と難を避けるコツ

破壊数1

過去世で「水難」を経験した人です。あまり水に近づかないことと、不思議と水商売もうまくいきません。

火を使ってください。強い火で料理をしたり、お香を焚いたりするといいです。

破壊数2

「女難」の有る人です。身近な女性の人との折り合いが悪いです。母親、祖母、姉、女性の上司などです。

男の人を味方にしてください。中身が男前な考え方をする女性でもいいです。

破壊数3

「口が災いを呼ぶ」カルマを持っている人です。人に誤解されてしまったり、一言余計な言葉を発してしまったりします。

人の話に耳を傾けましょう。傾聴力をつけることで口が災いをもたらしません。

破壊数4

「魂に傷がついている」人です。見えない世界からの影響も強く、少し霊媒体質になり、それで苦しむこともあります。

スピリチュアルに偏らずに、現世の楽しみを心から楽しんでください。

破壊数 5

先祖の因縁を引き寄せやすい人です。先祖の不徳を清算させられたりすることも使命の中にある人が多いです。

お墓とご先祖様を大切にしましょう。先祖の想いをくんで感謝の供養をしてください。

破壊数 6

事故のカルマが重い人です。ちょいちょい事故に遭ってそのカルマを解消できているとしたら、それは幸せなことです。

「サンバラサムハラ」を日常的に口に出して唱えてください。

破壊数 7

結婚や恋愛で裏切られた経験が重い人です。今世でも同じことを引き寄せてしまうのが不思議です。

好きな人ができたら、周りの人に紹介してチェックしてもらい、意見に耳を傾けて。

破壊数 8

土地の因縁を引き受けてしまう人です。住んでいる場所のお清めを怠らないようにしてください。

定期的に土地のお清めをしてください。常に「床主の神様」にご挨拶してください。

破壊数 9

過去世で部下や立場が弱い人をイジメたカルマがある人です。今世では部下・上司のことで苦労します。

目下の人、立場の弱い人の力添えをすることです。

自分で自分を呪っていないか？

一人でいる時間や仕事中など、力が抜けたときに常に考えてしまったり、後悔したりすることはありませんか？　その後悔が自分への呪いとなります。実は自分で自分を呪っている状態の人は思いの他、多いのです。自分と24時間ずっと一緒にいるのは、他でもない自分自身ですから。

この自分への呪いは、人から受ける呪いよりも、何倍もエネルギーが強いのです。なぜなら潜在意識の中で、24時間エンドレスで自分を呪ってしまうからです。過去の受験の失敗をいつまでも悔やんでいたり、なんでこんな結婚をしてしまったのか悔やんだり。さらに、過去の不倫、離婚、中絶、人の物を盗んだこと、傷つけたことなど、過去の過ちをずっと悔いていて、自分をずっと責め続けている。これは自分への呪いなのです。

自分への呪いは、エネルギーがとても強い

自分の過去を呪わないようになれば、人生はうまくいく

子育てに対しても真面目なお母さんほど、どうしてもっとこうしてあげなかったのか、ああしてあげなかったのかと悔やんでいます。「その時のあなたは最大限に頑張ったのだからそれでいいのだ」とお伝えしても、今の子どもの現状を見ると自分の愛情が足りなかったからだとご自分を責めておられます。子どもを産めなかった自分を責め続けている人もいます。

もう自分を責めるのはやめましょう。後悔は何も生み出しません。何でも、ものごとには「時効」があります。充分に苦しんだら、ここら辺りで自分の呪いから大切な自分を解放してあげてください。

自分を責めている人は同じように人のことも責めてしまいます。人は自分と同じ大きさで他人を見てしまうからです。あなたが自分を許すことは最大の癒しを自分にもたらすことができます。そして、他人を許すことができるようになるのです。こうして、他人を許すことができるようになると、こじれているややこしい人間関係の糸がほどけてきて、人生がうまくいくようになるのです。

自分の呪いを解くには、過去を許すこと

グチグチ言いながら飲む酒は魔を呼ぶ

酒は「百薬の長」といわれますが、お酒を適宜に飲むのは身体にいいようです。神棚に上げるお供えにもお酒は使われますし、神社への正式参拝の際にも「ご献酒」をする方も多くいらっしゃいます。

お酒はお米からつくられます。お米は天照大神様より、私たち日本人が食べる物に困らないようにと、天孫降臨の際に賜ったものです。八十八の手間ひまをかけてお米をつくり、できたお米にさらに手間ひまをかけてお酒にして神に捧げる。杜氏の方たちのお酒づくりの作業は、さながらご神事のようだと聞いたことがあります。天照大神様からいただいた尊いお米を手間ひまかけてお酒にして、それを神様に捧げて感謝を伝えてきたのが私たちの先祖です。こうやって神と人との感謝のエネルギー交換をしているのです。

お酒は天照大神様からいただいた貴重なもの

お酒には「悪い氣」が転写される

お酒を飲むと、アルコールが血中にまわり意識が昂揚し、平常とは異なる精神状態になるので、古《いにしえ》の人はお酒のことを「不思議な飲み物」と感じていました。そして日本人の先祖はお酒を「清らかなもの」「神に近づく飲み物」として神事後の直会《なおらい》では一同でお酒を飲み、日頃の神様からの恩恵をわいわいと話し、「幸せだね〜」と盛り上がっていたのです。なぜ盛り上がるかというと、お酒は、私たちの想いが転写しやすいからです。今日起こった幸せなことやありがたかったことを話しながら飲むお酒に、その幸福エネルギーが転写し、それが私たちの身体に入ります。それを大好きな人たちで一緒に飲むと、ますます幸福度は上がるのですね。

反対に、上司、部下、取引先の悪口や、家族の不満を言いながらの飲酒は、その強いマイナスのエネルギーがお酒に転写して、身体に入ってしまうのです。それを繰り返すと、自分で自分を呪ってしまうことにもなります。これを習慣化すると病気をつくり、魂もとても嫌がります。「お酒は楽しく飲むもの」と心得ましょう。酒癖が悪い人は別のストレス発散場所をみつけて、グチを言いながらの飲酒はやめましょう。

お酒には呪いが転写しやすいので、グチはNG

お清めコラム

守護動物を振る

人の運気はバイオリズムに似ていて、上がったり下がったりします。それを安定させてくれるおまじないがあります。十二支の中の守護動物を振るという方法です。十二支の中で、あなたを守る守護動物をみつけて、その動物のストラップなどを揺らすと、悪い氣をキャッチして、寄せつけないようにしてくれます。まずご自分が生まれた「日」の干支を調べてください（ネットでは「19○○年○月○日　干支」などで検索）。「生まれ年の干支」ではなくて、「生まれ日の干支」ですからご注意を。それをもとに、ご自分の守護動物を調べましょう。左の表をごらんください。神社でその年の干支や、生まれ年の干支のストラップを買う前に、「自分の『生まれ日』から導かれる守護動物」のストラップを買って、揺らしてください。

生まれ日からわかる　守護動物

子日生まれの人　守護動物は未（ヒツジ）
丑日生まれの人　守護動物は午（ウマ）
寅日生まれの人　守護動物は巳（ヘビ）
卯日生まれの人　守護動物は辰（リュウ）
辰日生まれの人　守護動物は卯（ウサギ）
巳日生まれの人　守護動物は寅（トラ）
午日生まれの人　守護動物は丑（ウシ）
未日生まれの人　守護動物は子（ネズミ）
申日生まれの人　守護動物は亥（イノシシ）
酉日生まれの人　守護動物は戌（イヌ）
戌日生まれの人　守護動物は酉（ニワトリ）
亥日生まれの人　守護動物は申（サル）

寸善尺魔　謙虚が一番

前述しましたが、実は善より魔の方が何倍も多いのがこの世の摂理です。それを表わす「寸善尺魔」という言葉をご紹介しましたね。尺は寸の10倍の単位です。よいことがあっても、悪いことがもっとあるわけです。人はよいことがあると、慢心してしまい、自分の力を勘違いし、神様、守護霊、周りの人たちからのサポートがあったことを忘れて、お陰を顧みなくなります。そのおごった心は魔の大好物です。

努力した以上にお金を得たのに、賽銭をケチったり、困った人への施しをしなかったり、先祖のご供養にお金を出さなかったりすると、魔にやられます。また、「あなたは選ばれた人」とか「○○の生まれ変わり」というような発言にはだまされないようにしましょう。かなり、魔にやられている人の発言です。常に身の丈を知り、慢心せず、謙虚を旨として生きる。そうすると「尺魔」にやられることはないのです。

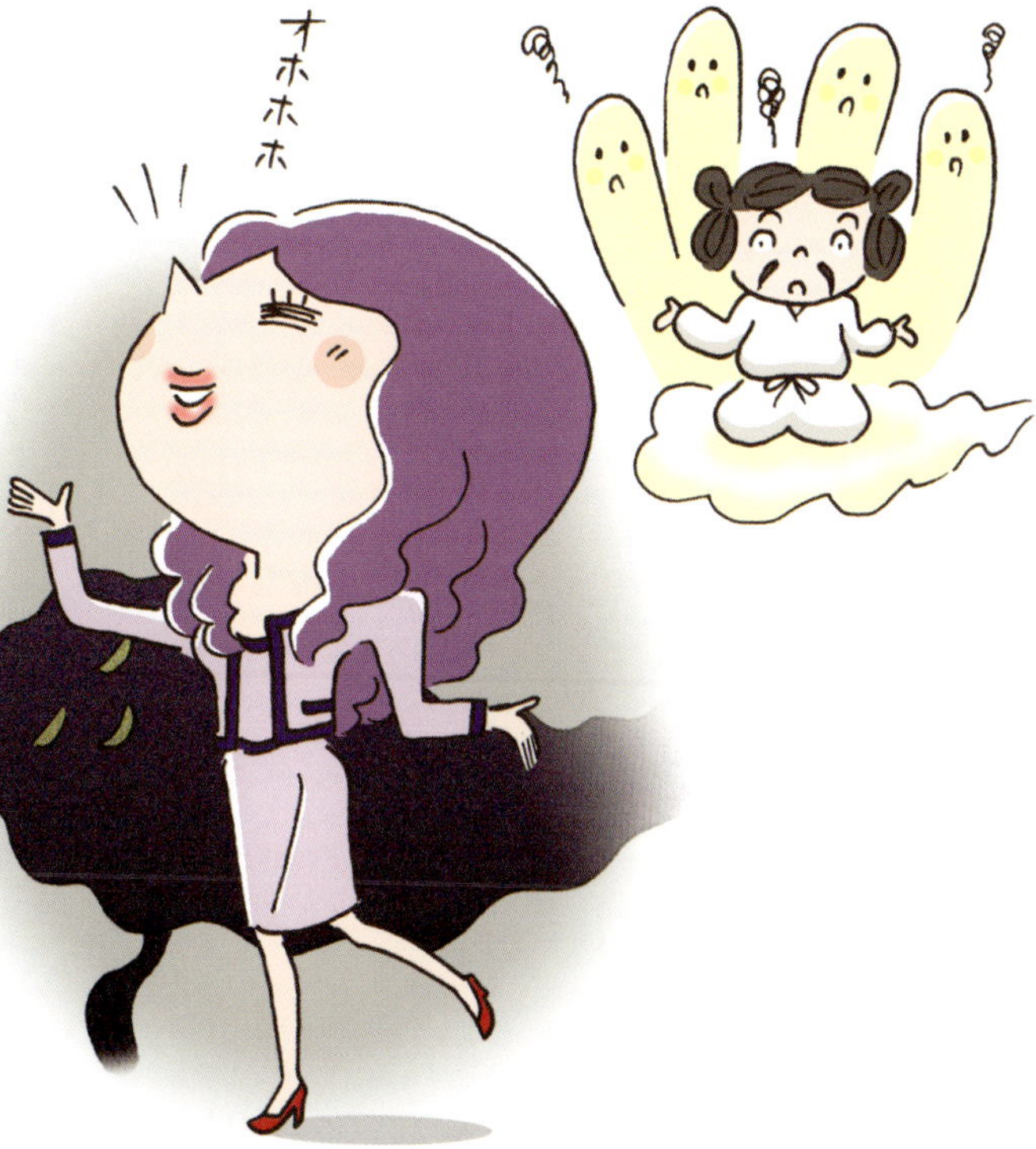

おごる人には魔が寄ってくるので注意！

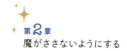

魔は、「ありがとう」と言うと去っていく

魔が大好物なのは、不平不満のエネルギー。さらに「傲慢」と「エゴ」も大好きです。自分はとても立派な人で、ひとかどの人物だと思い込んでいる人や、世界平和をうたいながらお金を集めている人はいませんか。魔がおそろしいのは、力を与えておいて、とんでもないタイミングで、その力を奪ってしまうことです。そうして困る人間を見るのが、何より楽しいのです。人と違った能力があるかのように見せて、多くの人の前で、それを披露しようとすると、魔はその能力を奪ってしまう。そして、アタフタ困る人間を見て、「ケケケ！」と笑っているのです。

謙虚でいる人は常に「畏敬」の念《おも》いを持っている人です。「神様は目には見えませんが、確かに存在していて、自分の心や行いを常に見ていらっしゃる」と思いながら行動していると、自分自身を過大評価せず、低級霊に「お前が世を救うのだ」と囁かれても「そんな器じゃありません」とスルーできます。また、どんな相手にも同じように接し、相手を年収や肩書で判断しないようにすること、小さなことにも微笑みながら「ありがとう」と言うことを実行していきましょう。

魔は、急に人の力を奪って面白がる

魔をもらったとき、体を浄化する方法

強い魔的なエネルギーを「受けた」ときはどうすればいいでしょうか。まずは、神主さんが常駐されていて、毎日、祝詞が上げられている格の高い神社に寄って、しばらく氣をいただいて祓いをかけます。余裕があれば、玉串料を奉納してご本殿に上げていただいて、宮司様じきじきに祝詞で祓っていただくと、かなりスッキリします。

先に書いた手裏剣切りも効果がありますが、人の念を感じやすい人は、常に塩を携帯して、魔的なエネルギーを受けたかな、と思ったときは自分の肩に塩をかけて祓ってください。その場合は「左肩→右肩→左肩」の順番でやります。家に入る前にやるとケガレが家に入らないのでおすすめです。強く魔のエネルギーを受けたと感じたときは、そのとき着ていたものを全て洗ってください。常に清浄な状態にすると守られます。

「左肩→右肩→左肩」の順番で塩を振る

シャワーを背中にあてて魔を祓う

塩風呂に入っても嫌な感じが取れない場合は「酒風呂」に入ってみてください。この場合、お神酒《みき》だとさらによいです。神社で正式参拝した際にいただいたお下がりや、献上しているお神酒や、清酒を使ってください。ここはケチケチしないでよいお酒を使ってください。直接、身体に塩を塗り込むのも効果があります。よくダイエットで塩でお腹をもみますが、それを肩、背中、胸などを中心にやってください。

シャワーを水にして肩甲骨の間にあてるのも効果があります。自宅でできる滝行のようなイメージです。その際は指を組んで中指を立てて「エイッ」と気合を入れて「祓いたまえ清めたまえ」と祝詞を上げながらやります。30秒くらいするだけでかなりスッキリするのを感じると思います。

あとお香を焚いて煙を出すのもお祓いになります。神様は火と水を使って現れます。火水《かみ》は神の音霊と共振します。水はお風呂場でできるお祓いですので、火を使ったお祓いはお香です。煙が出た方がいいです。この場合は癒される香りではなく、臭いな、と思うくらいの少し独特の匂いのものがよいです。

シャワーを肩甲骨の間にあてるのもいい

ブラックソルトで魔を祓う

今日は何だかいつもより疲れる人に会ったな〜、と思ったときには、塩風呂に入るとよいと先に書きましたが、そのお塩の中で最もいいのは「ブラックソルト」なのです。ブラックソルトは、硫黄分を多く含んだヒマラヤ山脈でとれる岩塩です。鉄分・カルシウム・マグネシウム・カリウムなどの天然ミネラルがたっぷり入り、お風呂に入れると活性酸素を中和して、抗酸化作用があるといわれています。

ブラックソルトをお風呂に入れると硫黄の匂いに包まれて、温泉に入っているように感じるのですが、私の体験から思うに、魔的なエネルギーはどうも、この硫黄の匂いが嫌いなようなのです。ドラキュラがニンニクの匂いを嫌うのと似ています。そういえば、師のお一人が強いケガレを受けたときは温泉に入るとおっしゃっていました。これも硫黄の匂いがお祓いになると、経験則的にご存知だったからだと思います。

硫黄臭のする温泉でケガレをおとす

人と接する職業の人は、特にケガレに注意！

接客業の方や、電車移動が多い方、毎日たくさんの人に接する方は知らないうちにケガレを受けています。人を触る仕事の方は特にそうです。マッサージや整体、エステティシャンや美容師さんなど、手を使って施術する方は手のひらから相手の病んでいる氣をもらいやすいのです。そこで、仕事中も洗面器にお湯を張ってブラックソルトを入れて手を浄化して、その都度、ケガレを祓うと、身体の疲れがスッキリします。

細かくしたブラックソルトを袋に入れて持ち歩くだけでもお守り代わりになります。外でとても疲れたときは、それを出して自分に振りかけて祓ってもいいです。ブロックになったものもあるので、それをカゴやお皿に入れて、電子機器の周りに置くと疲れが半減します。電子機器の周りは魔が集まりやすいので注意！　また、玄関に置くと魔が家に入ってこられなくなります。結界が張られたような状態になるからです。

なんだか家全体がよどんでいる、家運が落ちている、と感じるときには、各部屋にブラックソルトを置くのもよいですよ。

結界が張られたような状態になる

お清めコラム

白いお皿を割る

感情を早めに整理するために、私は白いお皿を割ることをおすすめしています。「ふざけるな！」と怒りを込めて、お皿をパリーンと割ってください。このパリーンという音が、怒りのエネルギーを浄化してくれます。ちなみに、このお皿を割る、という行為は、難を避けるためにも使えます。事故に遭いやすいと占いで出た場合に、皿を割って事故を先取りするといいのです。破壊の数が「６」の人は年始にやりましょう。

第3章

自分の人生を全うする心がけと習慣

陽宅と陰宅、どちらも清浄に保つ

風水では家は2種類あると考えられています。現世にいる私たちが住む家を「陽宅」、ご先祖様たちが住まわれる家を「陰宅」とします。私たちはこの2つの家の影響を受けています。陽宅は私たちが住む家です。基本的に玄関を明るくきれいにし、使っていない物を少なくして、整理、清浄を徹底することです。

また、陰宅とはお墓のことで、これは子子孫孫に影響します。有名な話では、毛沢東は先祖代々風水師で、祖父の墓を「真龍地《しんりゅうち》」に造ったことで子孫である毛沢東が出世したといわれています。真龍地は「龍穴《りゅうけつ》」ともいわれ、地球の中心からエネルギーが湧き出ているところです。真龍地を見つけることは熟練した風水師でも難しいですが、お墓をきれいにしておくのは誰にでもできます。墓が倒れていたり、荒れている場合は子孫に悪い影響が起こります。

ご先祖様たちが住まわれる墓が陰宅

お墓をきれいにしておくと、家が広がる

これだけ多くの方に接していると、ご先祖様の徳が篤い方だなと、うなる程の方が中にはいらっしゃいます。そういう家は優秀で穏やかな心の子が生まれます。ある大リーグまでいった選手のご実家は宗教家のお家で、先祖代々ご先祖様と神様を大切にしていたので、子孫が大物となったのです。

反対に、ご先祖がなんだか呪われているなと感じる方もいらっしゃいます。七代続けて女の子しか生まれず、八代目に生まれた男の子が自殺したなどという場合、先祖の誰かが相当の不徳を積んで、それが家系の因縁として残っていたりします。

代々繁栄しているお家は、毎日仏壇のお世話をして、お墓のお世話もしている方が多いです。子孫が先祖を想う感謝の気持ちが先祖に届いて、あちらの世界で気持ちよく修行に励めるので、また先祖も子孫を守ろうとする想いが返ってくるのでしょう。代々続いている家は、祖先の層が厚く、その人たちみんなで生きている一族を守っています。一族の思いやりの交換が、家の繁栄につながっていくのです。結果、その家の子孫はどんどん、家族を増やし、繁栄し、家が広がっていくようになるのです。

先祖を大切にする家は子孫が繁栄する

お礼参りをしてますか？

最近のパワースポットブームで、神社参拝をする人は圧倒的に増えました。ただ、お参りしてご神徳をいただいても、その後の「お礼参り」に行く人は、残念なことに圧倒的に少ないのです。さんざんお願いごとをしておいて、神様が願いを叶えてくださったのに、叶ったことにはまったくお礼を言わず、知らん顔でいる。そして、次の新しいお願いだけはしにやってくる人を「かわいい」と思う人がいるでしょうか。

「神様のお陰で○○が叶いました。ありがとうございます」

「お陰様で今月も平穏に暮らせました。ありがとうございます」

「お陰様で子供が合格しました。ありがとうございます」

こんなふうに、毎回ありがとうございますと言ってくる人のことを「かわいい」と思うのは神様だって人間と同じなのです。

神様だってお礼を言う人がかわいい

神様の「ごひいきリスト」にのる人

　神様がかわいいと感じた人は「ごひいきリスト」にお名前を入れてくださいますが、お礼を言いにこない横着な人はそのまま「横着者リスト」に名前がのってしまいます。神様はその人の心を読んで、どちらかに名前を記入しているのです。

　ただ、こんなに頑張っているのに、こんなに神様に手を合わせているのに、一向に人生がよくならないってときが私にもありました。今思うと神様は「覚悟を試す」のだなと思います。本気で幸せになる覚悟はあるのか？　とか、口ばかりで神を信じていると言うけど本気かどうか、とか、辛いことを連続で体験したときでも神様に気持ちを向けていられるかどうか、ということを試しているのだと。

「神様のお試し」を受けている時期は、目の前に起こる出来事は辛いことが多いです。辛いことが重なると、人は八方が塞がっているように感じて途方に暮れますが、どんなときも「天の窓は必ず開いている」と信じて、神様に心を合わせていると必ず道は拓けるのです。辛いことが起こっても、試されていると思って、コツコツ、人として徳を積んでいきましょう。

「ごひいきリスト」にのるといい人生になる

お清めコラム

気味の悪い部屋に泊まるとき

ホテルは多くの人が利用する場所です。夜逃げして来ている人や、人生が破たんしている人など、運が悪い人もいます。その人に憑いている魔的なエネルギーは、ホテルの床に落ち、何だか嫌な感じをもたらします。ホテルの部屋に入ったとき、なんか暗い、怖い、と感じたときは前述した「手裏剣切り」をしてみてください。「嫌な氣」を切るつもりで。そして、不動明王の真言「ナーマクサーマンダー」を7回唱えます。気になる場合は、21回唱えましょう。不動明王は怖いお顔で魔を睨んでいらっしゃいます。どんな魔もこの不動明王に睨まれたら祓われてしまいます。そのお不動様のお力をいただいて、魔的なものを切るのです。ご自身が何かに憑りつかれている場合も、この真言を唱えましょう。1千回唱えてください。

ナーマクサーマンダー

お金に呪われないようにする

自分の人生がうまくいかないことを全て、お金がないからと、「お金のせい」にしていませんか。お金は意思があって、感情があるエネルギー体です。なんでもお金のせいにしている人の所には、お金は「自分の意思」で来ないようになります。あなたも、あなたを嫌悪し、なんでもあなたのせいにする人に近づきたいでしょうか。あなたがお金を呪うと、お金もあなたを呪います。お金のせいにしないようにしましょう。

また、お金をお支払いするときは感謝と応援の気持ちで行いましょう。例えばスーパーで野菜を買うなら、丁寧につくってくれた農家の方、運んでくれた運送の方、きれいに並べてくれたスーパーの皆様のお陰で我が家に食材がやってこれるのです。その皆様に「ありがとうございます。応援します。また宜しくお願いします」という気持ちでレジでお金を支払うと、お金から応援してもらえるようになるのです。

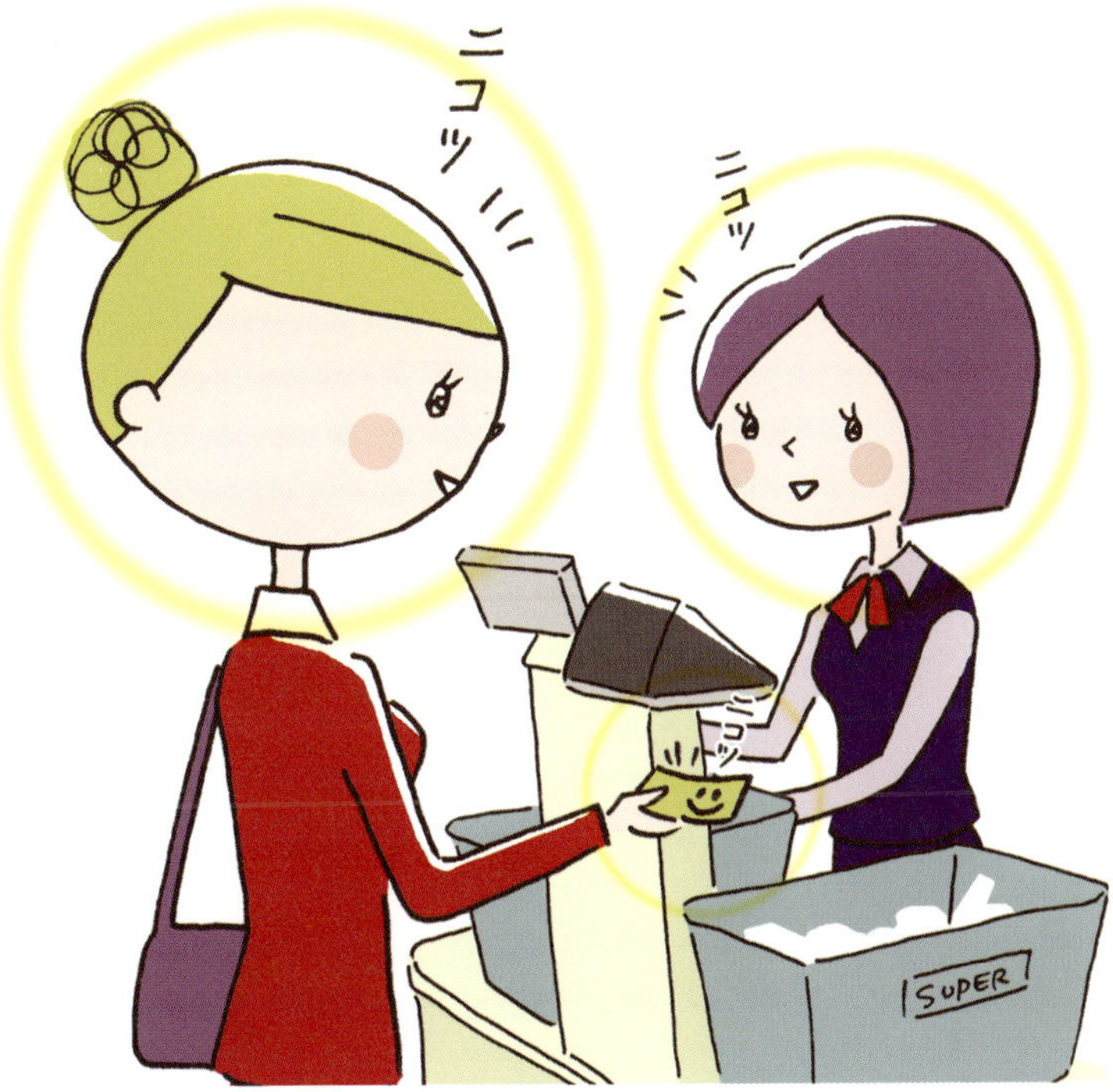

「ありがとう」という気持ちでお支払いする

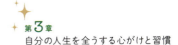

お金は四方八方からやってくる

実はお金はあちこちから集まってくるのです。確かに風水ではお金が入る方位は三方位といわれています。ただ、お金を集める風水動物がいて、これは四方八方からお金を集めます。「三脚蛙」です。この蛙は元々足が4本あったのですが、自分の持ち主である「劉海仙人《りゅうかいせんにん》」様のために四方八方からお金を集めて、ハッスルし過ぎて1本脚がなくなってしまったという伝説の蛙なのです。この蛙はあちこちからお金を集めてくるのです。お金は四方八方からやってくるのです。

目を閉じて、四方八方からあなたをめがけてお金がどんどん集まってくるイメージをしてみてください。ちょっと怖い、と思った人は、「お金＝怖いもの」と思っています。そういう人は、自分への応援や感謝が集まってくるとイメージしてください。ありがたい気持ちで受けとれます。イメージの中でお金を喜んで受けとれるようになると、お金を得る方法がたくさんあることに気がつきます。そしてそれを誰かの応援のために喜んで使うと、またお金がやってくるのです。「ありがとう」の言葉をいただける志事《しごと》ってなんだろうと思考を広げると、お金が応援をしにきてくれるのです。

三脚蛙は四方八方からお金を集めてくる！

お清めコラム

麒麟《きりん》で化殺《かさつ》する

麒麟は古来から中国で、吉祥ごとが起こるときに現れる珍獣といわれています。風水動物たちの生みの親ともいわれています。夫婦で一対となり、調和を司ります。会社や、家の中で不幸が続く場合には、麒麟の置物を置くと魔が祓われて、調和が訪れます。

たとえば、家の中でその年に「凶」といわれる場所に麒麟を置いて場を清めたりします。氣がよくない場所のエネルギーを弱めることを「化殺」といいますが、化殺するためには麒麟は素晴らしい動物です。家の中の場のエネルギーを調和させます。ヒステリックだった奥さんが穏やかになったり、家庭内暴力をしていたお子さんが落ち着いたり、浮気しているご主人がおとなしくなったり。多くの「調和効果体験」が、私のところに報告されています！

中古品を浄化する方法

ネットの中古品オークションが人気です。またリサイクルショップが日本中、いたるところにできました。使わなくなった物を使ってくれる方へリレーする仕組みが発達してきたのはとてもいいことです。

しかし、前の持ち主がどんな「想い」でそれを使ってきたかを知る人はほとんどいません。買ったけどただ気に入らなかったから人に売りたい、という場合はいいのですが、本当はそれが大切で宝物だったけど、お金に困窮して手放すとか、大好きで仕方なかった彼からもらった物だけど、別れることになり未練を断ち切るために泣く泣く手放す、というようなものは、要注意です。想いは強くなればなるほど「念《おも》い」に変わります。その「念」は、物に執着として残り、いい「氣」を発しないため、持ち主の運気が下がります。

念は中古品の中に執着として残ることもある

塩を振ったり、天日干しして清める

そういう念がこもっている場合があるので、服やバッグはクリーニングに出すのがいいでしょう。セージを焚き、くゆらせる中に吊っておくのもいいです（匂いがうつるのが嫌な人はやめましょう）。塩を軽く振るのもいいですし、天日干しするなどしてお祓いします。太陽は天照大神様ですから。いずれも、貴重品の場合、変色などないよう、ご自身の責任において行ってください。

また、土地を購入する場合は、よく気をつけてください。多くの方のご相談にのっていると、「上昇する運気をお持ちなのに、どうしてこんなに大変な人生なのかな？　それもご家族みなさんにいろいろとお辛いことが起こるなんて、不思議だな」という方がいらっしゃいます。風水鑑定でその方のご自宅にお伺いすると、土地がとても悪い氣の場所が多く、もはや呪われているレベル、という場所もあるのです。

土地が行き止まりで風通しがよくない場所に家が建っていたり、お墓の隣だったり。沼地を埋めた場所、戦の跡地、処刑場跡、生き物を殺していた場所の跡、古墳の近くも、おすすめはしません。

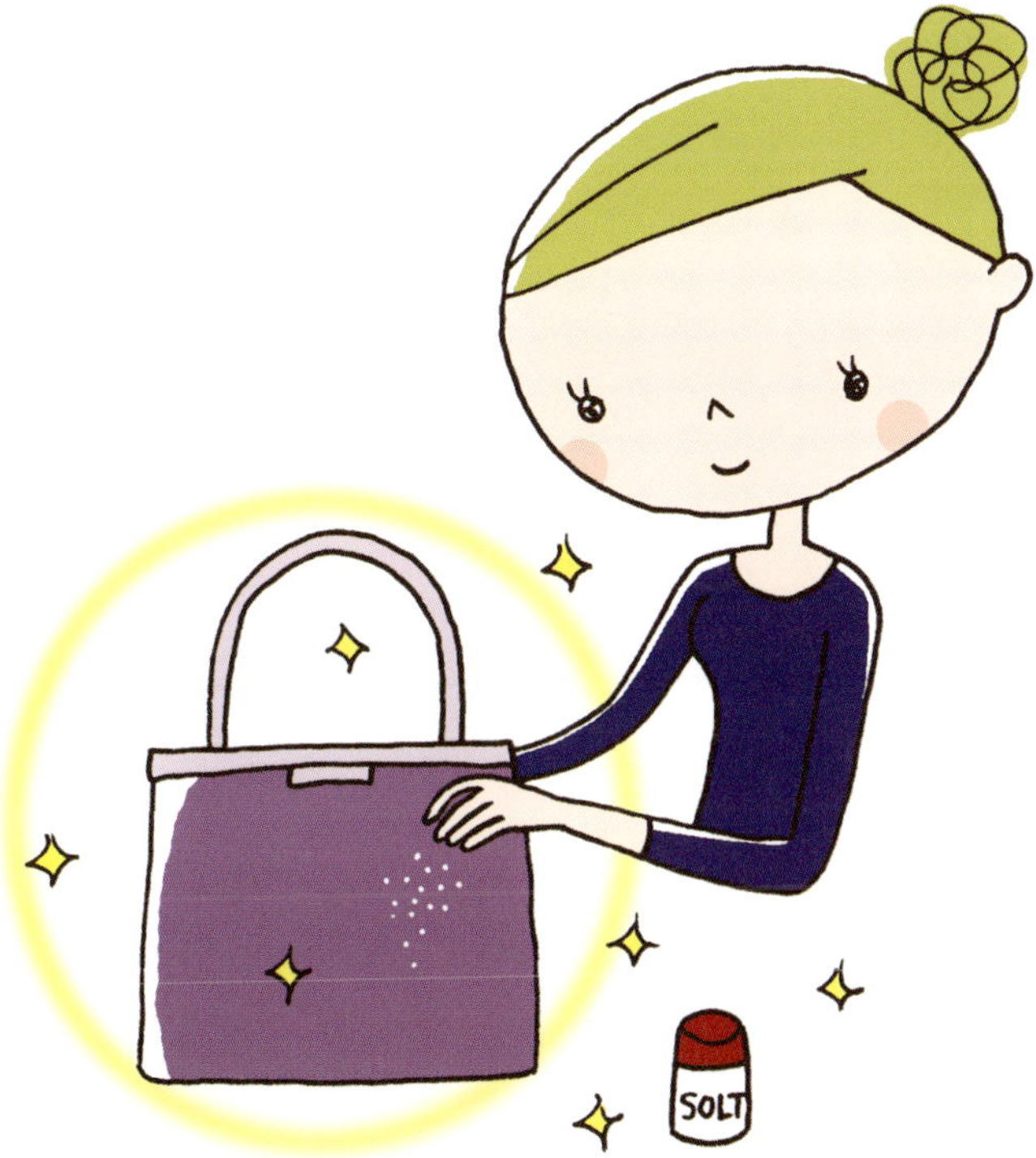

中古品はお祓いしてから使う

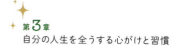

「呪いの場所」は買わないこと

家を建てる場合、ワケありの土地や家は、やめましょう。競売物件などは、持ち主のお金に困窮した悔しい念いが残っているので要注意です。また、安いからといって飛びつきそうになりますが、ケチケチした想いで買ったものは、後々、貧乏を引き寄せます。あと、暗い、臭い、汚い場所は絶対避けましょう。

その場所に立ってみてなんとなく嫌悪感を感じた土地も避けてください。守護霊がこの土地はヤバイと教えてくれているのです。300年前、500年前にその土地で何が起こったかはなかなかわかりませんので、直感に従ってください。

通勤や通学などでも、氣の悪い土地は出来るだけ避けて、気持ちのいい場所を通って目的地に向かうようにすると、運気は上がります。

一方で、住むのにいいところとはどんな場所でしょうか。おすすめは、その土地や、家に住んでいた人が、出世、成功して幸せに暮らしているようなところです。起業家として成功する人がたくさん出ている町や地域もいいですよ。土地の氣がいいのでしょうね。

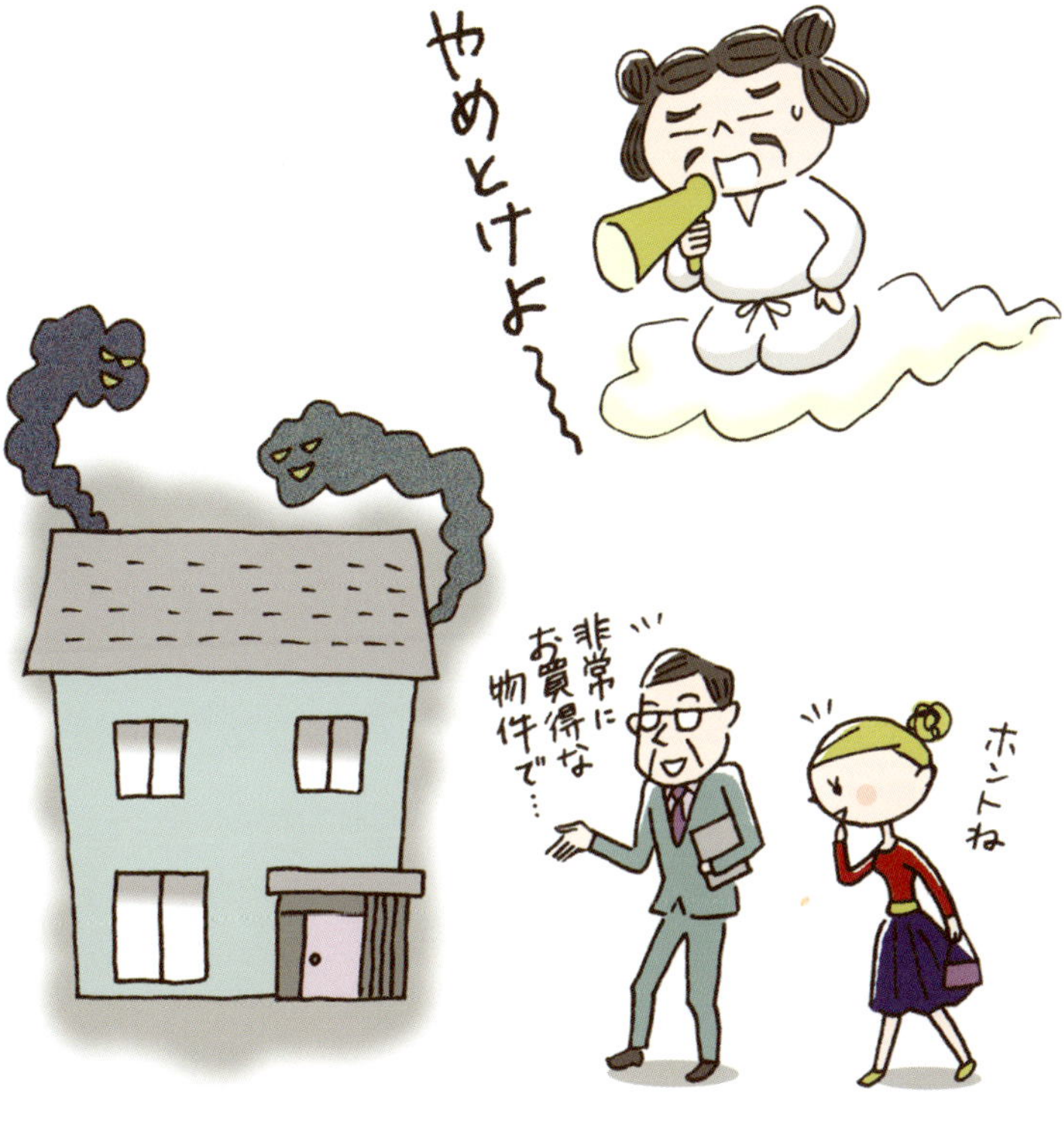

安くても買わない。便利でも通らない

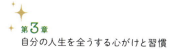

ねたまれない、ねたまない

ねたみ・そねみは、人に焼きもちを焼いたり、自分はダメだと卑下しつつ、人を憎いと思うことです。先ほどもお伝えしましたが、感情は曼荼羅のようにつながっています。ねたみとそねみは「親しい」という感情とつながっています。親しい人や、親しみを感じる人をねたんだりすることがあるでしょう。親しい友達をうらやんで、苦しむこともあるでしょう。感情は生まれたときに誰にでも組み込まれているものです。どんなに聖人君子に見える人でも誰にでも同じようにこの感情はあります。

ねたみには「良性のもの」と「悪性のもの」があります。良性のものは、その人がその幸せな環境にいることに「ふさわしい」と感じられた場合に起こる「うらやましい」という感情です。長年、頑張って努力してきて今の結果があるのだろうなと理解でき、私も近づきたいなと意欲が湧く、うらやましさです。

人は友達に嫉妬してしまうことも多い

ネットで人を中傷するのは、不徳

反対に「悪性のもの」は、相手の幸せな環境を「ふさわしくない」と思ったときに現れるものです。相手の見えない努力を見ずに、ただふさわしくない、なんでお前ばかり、という感情が増長して、その感情が「念」として相手に届きます。これは「呪い」です。まずはおごらず、ひけらかさず、「ねたまれない」ことが大切です。呪いをもらわないことです。また、呪いの念を送った人自身も、3倍のマイナスのエネルギーの毒矢がささりますから、「ねたまない」ことも忘れてはいけません。

SNSなどの発達で、他人のプライベートが簡単に覗ける時代になり、「悪性のねたみ」を増長させてしまう人たちが多くなってきました。そのねたみの念を相手に飛ばすだけでもとても不徳な行いなのに、アマゾンのレビューに悪口を書き込んだり、ブログのコメント欄に誹謗中傷を書き込んだり、あげくのはてに2チャンネルにまで書き込む人が後を絶ちません。個人を特定されないから大丈夫、と勘違いされてるのかもしれませんが、当然、天は見ています。「はい、○○市○○町の○○、また中傷の書き込みをしたので、不徳ポイント300ポイント加算」となってしまいます。

悪口を書くと不徳を積むことになる

不徳を積み重ねると人生が暗転する

書き込んだ誹謗中傷を見た人に悪性のねたみを伝染させてしまうと不徳ポイントはその都度、加算されていきます。1度の書き込みなのに、多くの人が同調してしまうと、本人が気づかないうちに不徳ポイントはどんどん加算され、1千にも1万にもなってしまいます。これはなかなかプラスに戻せない量になってしまいます。

こうなると、人生がマイナスの方向に流れていきます。ピリピリしたり、イライラしたりしてきます。そうすると、同じようにピリピリしている人を引き寄せ、電車でぶつかってケンカしたり、事故に遭ったりするのです。実際、これまでの人生で私が見聞きした中で、そういう人は本当によく事故に遭遇しているので、要注意です。ねたみという感情が増幅すると、自分の人生を狂わせ、果てには寿命を縮めてしまうことにもなりかねないのです。人が見ていないからといって、悪口を書き込んだり、難癖をつけたりする行為は、自分の人生を狂わせるもとになると、理解しておきましょう。

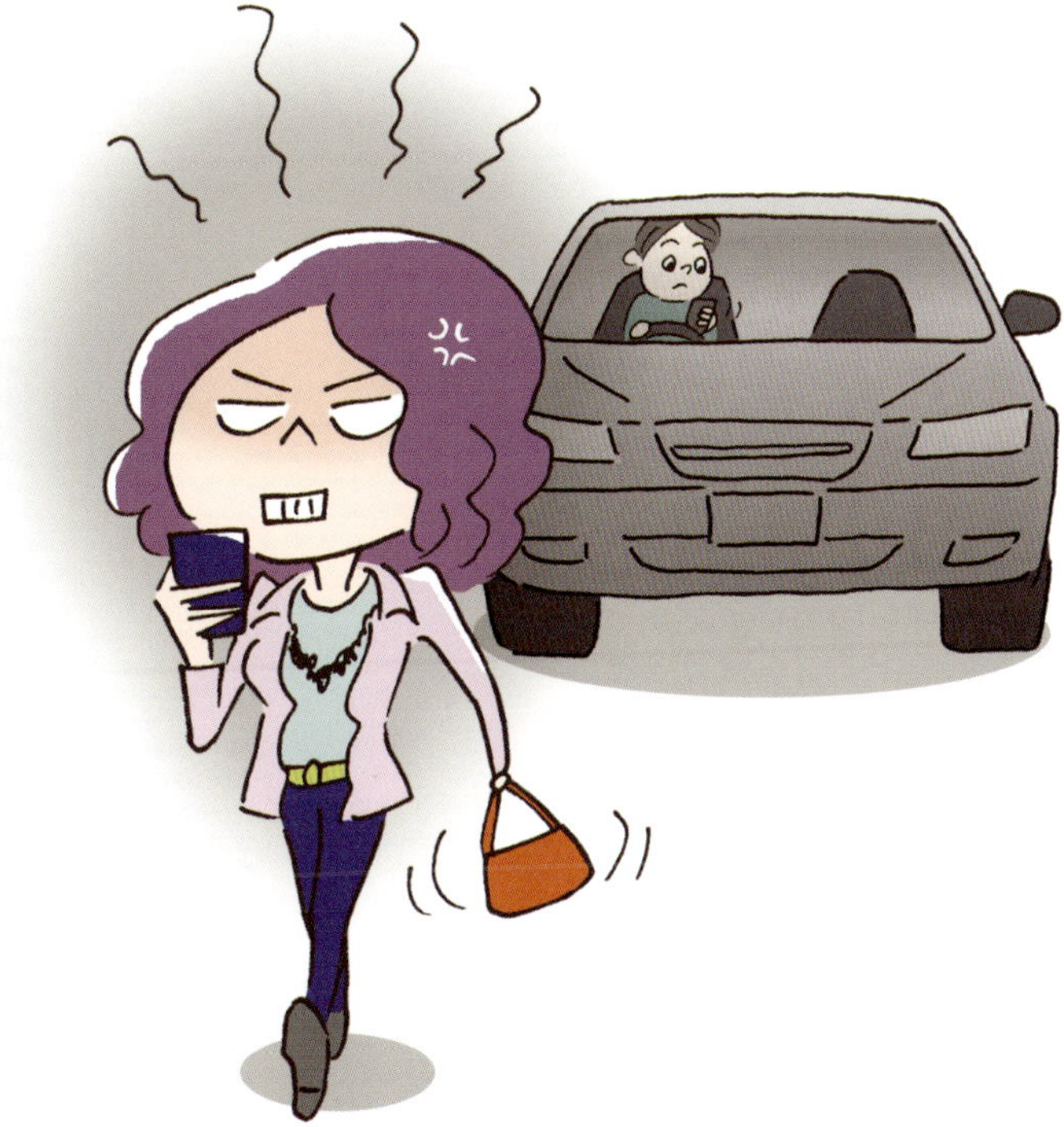

ピリピリしている人は事故に遭いやすい

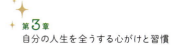

お清めコラム

呪いを祓ってくれる寺社

神社は「お祓いとお清め」をする場所です。創建が古い神社の多くは「龍穴」という地球からエネルギーが噴き出している場所の上に建っていることもあり、その場所自体がエネルギーが高いのです。そのような場所に行って、しばらく過ごすことでケガレが祓われ、ご自身の氣も高まってきます。

また、因縁などのまがまがしいエネルギーを祓うのは、天台宗系のお寺がいいです。あまりに最近、運がよくないなと感じたら、そこで護摩木を焚いていただいたり、加持祈祷をしていただくのがおすすめです。特に、天台宗の総本山延暦寺は神聖な場所です。その比叡山を守る「日吉大社」やその系列の日枝神社、日吉神社、山王神社などもおすすめです。東京・赤坂の日枝神社は山王祭（さんのうまつり）でも有名ですよ。江戸三大祭・日本三大祭の一つです。

天災は呪い？

天災は天からの災難と書きますが、災いを受けるのは人間です。火山の爆発、地震、津波、そして台風など、時にどうして神様が人を巻き込んで苦しめるのかと思うこともあります。私は師のお一人から、天災は神のお祓いとお聞きしました。神様ご自身がケガレがひどくなられた際に、一気に自らがなされるお祓いが天災だと。

神様はものすごいエネルギー体ですから、気合を入れて祓われたら大きなエネルギーが動きます。それが天災という形になり、人が巻き込まれてしまうということでした。巻き込まれてしまった人はどうなるのかというと、「神上がり（神として天に昇る）」するというのです。自らが成されたお祓いに人を巻き込んでそのままにしておくほど、神様は無遠慮ではない。天災で亡くなった人が成仏していない、ご供養をせよと近づいてくる人には注意をしないといけないよ、と教えていただきました。

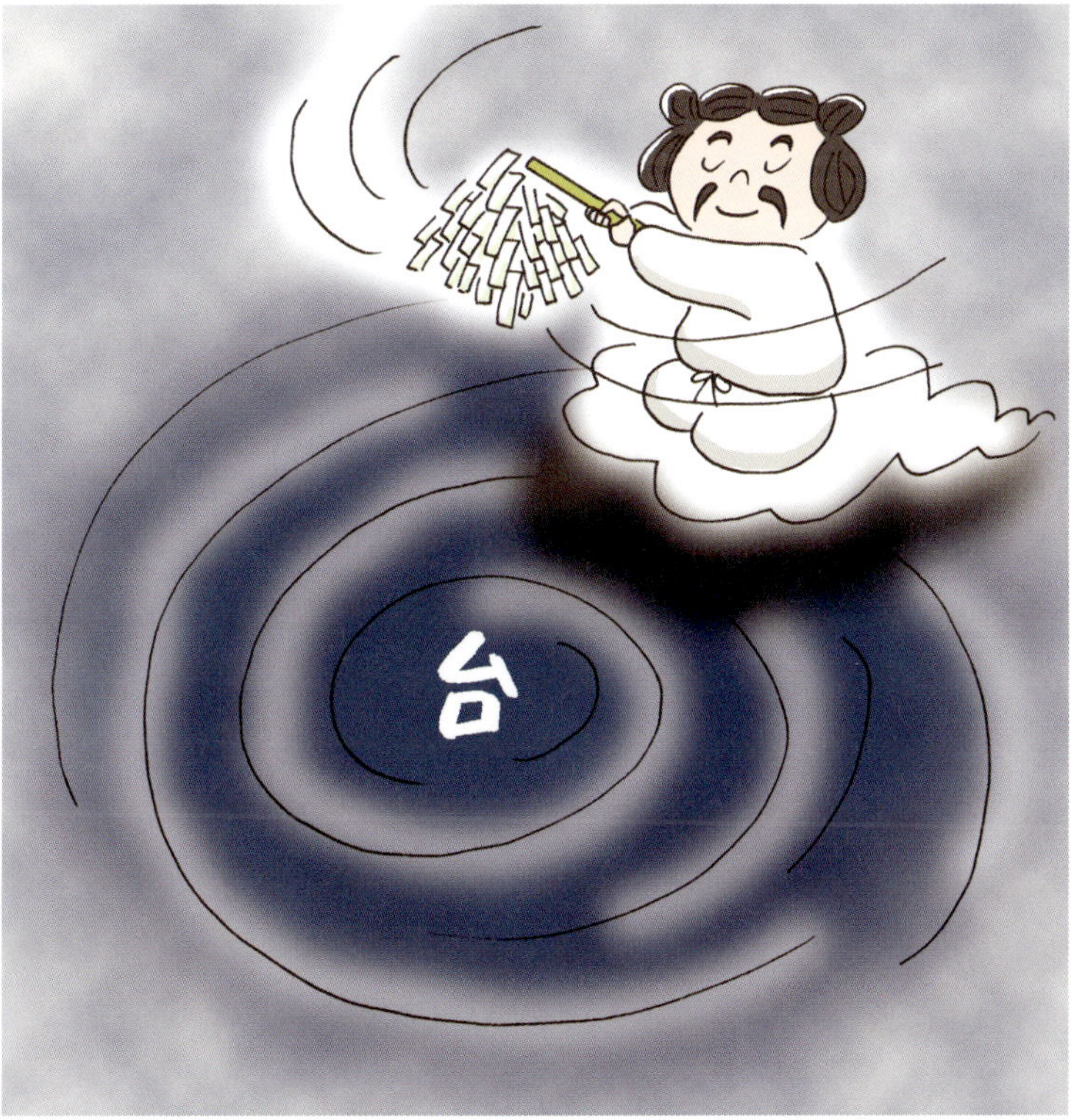

神が自らお祓いになるとき天災となる

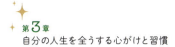

空にはメッセージがある

神様は言葉を発しません。その代わりに「外応《がいおう》」という形でヒントをくださっています。外応とは神や守護霊からのメッセージが表された環境の変化のことです。

私は神様が「数霊」でその外応をくださっているのを見逃さないように、日々訓練をして生きています。その中であるとき、雲も天からのメッセージだと気がつきました。守護霊からのピンとした号令が入るときに天を仰ぐと、雲が不思議な形をしているのです。

ときには渦巻きだったり、ときには龍の形だったり、鳳凰の形だったり。ひらがなだったり、数字のときもあります。反対に、雲が一つも出ていないときもあります。それを見ながら神様のご神意を想うのです。雲がなく晴天の空だから、迷わず行けってことかな～とか。折にふれて雲を見ると、神様っていつも見ていてくださって、そこかしこにメッセージをくださっているんだなと思うのです。雲と波長が合いだすと、雲を消すこともできるのですよ。「ハートの形になって」と話しかけると、ハートの形になってくれたりします。不思議ですね。

空を見て、外応を受け取るといい

神様と生まれる前に話し合ってきたシナリオがある

魂は、生まれる前も、亡くなった後も神様と打ち合わせをします。亡くなった後は今世の出来事を時系列で見て、自分が決めたことがどれだけやれたかをチェックします。自分がいじめたり、傷つけた人が、どんなふうに苦しんだかも、相手の心情が自分にのりうつって体験し、とても苦しい思いを自分も味わいます。

そしてまたあちらの世界で修行して、こちらに戻ってくるときに、また神様との打ち合わせをします。魂がよりレベル高くなれるように、課題をつくります。愛について学びますとか、笑いで世の中を照らしますとかいう魂もいます。今回こそは前回のリベンジを果たすべく、逃げずに家族を幸せにする、と決める魂もいます。誰しもが、このように神様と生まれる前にどう生きるかのシナリオを書いてくるのです。そのシナリオを叶えるように生きると、魂も磨かれ、人生を全うできます。

課題を実現すると決めて生まれてくる

決めてきた人生を勇気を持って進むと人生は幸せになる

その決めたストーリーに近づけようと応援してくれるのが、生まれたときから一緒にいる守護霊です。守護霊は魂の決めた人生のシナリオに導こうとしますが、そのメッセージを受け取らず、言い訳ばかりして、怠けたり、逃げたり、後回しにしていると、守護霊が魂と打ち合わせして、言うことを聞かないなら早めに切り上げようか、ということになり、人生が予定より早く切り上げられることも中にはあるのです。

人は何らかの使命と目的を持って生まれてきていますが、育って行く中で大人達の会話にとても影響を受けて育ちます。安定した生活を手に入れたいなら一流の大学に入って一流の企業に就職して安定を手に入れろとか。長男だったら、夢を持たずに家を守れとか。親たちに言われた通りに人生を進めても心が満たされないなら、本当に自分がどんなときに嬉しくて喜びを感じるのかを考えてみた方がいいでしょう。

最近ブレイクしているお笑い芸人の厚切りジェイソンさんは、世界的に高い評価を得ているミシガン州立大学に飛び級で入学、さらにイリノイ大学の大学院に進学しました。そして、現在は日本のＩＴ企業の役員になっています。

行動しないで言い訳ばかりだと魂が逃げることも

お金があっても幸せじゃない理由

どこから見ても幸せを絵に描いたような人生を送っていたのに、日本のお笑い番組を見て、はまり、人を笑わせた時のワクワクを手にしたいと芸人になったそうです。会社の株も一万株以上保有し、プライベートでは日本人の奥様と2人の娘さんにも恵まれていますが、会社をやめなくても、芸人を目指せる、とアドバイスをもらい、土日の芸人養成コースに通い、努力を重ねたそう。ジェイソンさんのように、今やっていることを捨てなくても、やりたいことをすることは、本当は誰にでもできるのです。できないという思い込みこそが、呪縛なのです。

魂は生まれ変わります。魂は死にません。魂は生まれる前にテーマを神様と話し合って生まれてくる。そのテーマを実現することに、守護霊は力を貸してくれます。その道が一見困難に思えても、自分の予想をはるかに超えた実現ルートが開けて、夢が叶っていきます。できるだけ、勇気を出して、自分がやりたいことをやってみることです。人のことを批判して、家にこもってばかりでなく、行動に移してみましょう。

自分の心が喜ぶことをやるといい

行動することの大切さ

人はどうして生まれてくるのかというと、「魂の成長」のために生まれるのです。これはどの人間にも共通した目的です。過去生での記憶は、必要がないから神様が消してしまわれますが、過去生で経験したことは「感覚」として残ります。そして次の生である今生では、さらに経験値を高めるために、前述したようにそれぞれの人がそれぞれテーマを持って生まれています。

さしずめゲームのドラクエの勇者のようなイメージです。レベル1からスタートし、多くの方から情報をもらい、外で戦って経験値を上げて、仲間と出会い、共に戦って、宿で休憩して、また戦って、情報を集めて分析して、さらに戦ってレベルを上げていく。そうやって生きていくのが人生です。この勇者の戦いは、現実の世界でいうと、「挑む」ということと「行動する」ということです。

人生を全うする秘訣は「挑む」「行動する」

過去の呪縛をはずし、今を大切に生きること

生まれる前に決めたことをやらずに、勇者として戦いにも挑まずに、いつまでも村の中でボーっとしている。魂を成長させることにチャレンジせず、人や国を批判したり、行動しないで言い訳ばかりしている人だと、前述したように魂は「この身体、嫌だな」と早めに切り上げて出ていきます。過去の出来事、子どもの頃に経験した記憶に支配されて、行動できない人もいるかもしれません。インナーチャイルドという、傷ついたままの小さかった自分が存在し、それがその人の行動の足を引っ張ったり、感情に突然スイッチが入って怒りや悲しみが湧いてきたりします。

ですが、易学上では人は60日で自分の生まれた干支に還り、60個のことを経験して一巡して元に戻り、生まれ変わります。細胞も半年もあれば全て入れ替わります。今のあなたは1年前のあなたの細胞ではない、別のあなたに生まれ変わっているのです。

過去の出来事の呪縛から解放されて、今の幸せにフォーカスしましょう。すると、魂が輝き出すようになります。

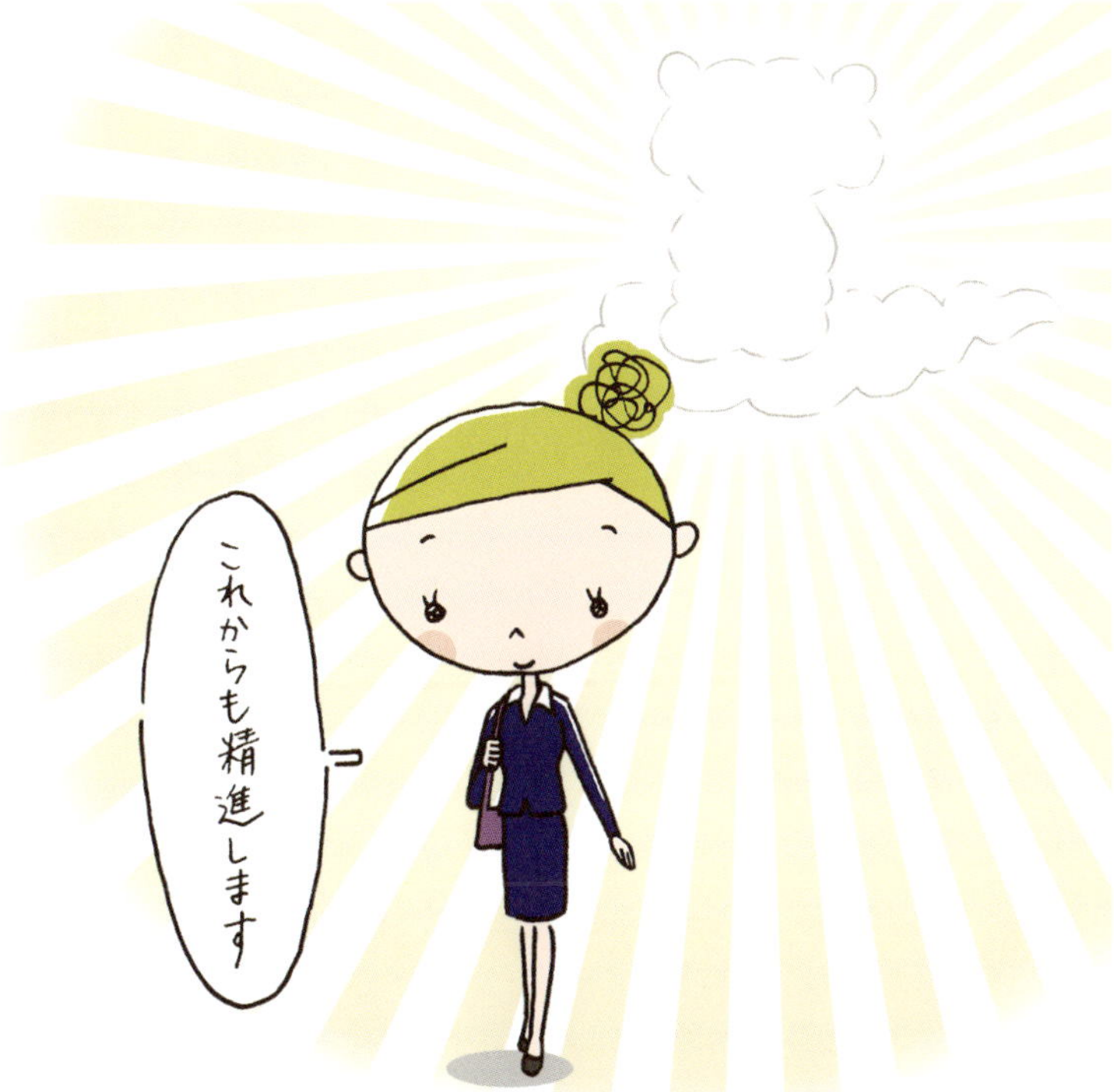

生まれ変わった気持ちで、新たに生きる

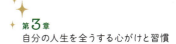

お清めコラム

吉祥ごとを知らせる外応

外応とは自分の周りの現象により、なんらかの知らせを受けるということです。私はこの８年間ずっと、自分の本の出版を夢見てきました。いつか自分の占術の本を出したいと思い、あちこちの神社にご祈願を出す日々を送っていました。あるとき、豊川稲荷に参拝して、瓦を新しくするということで、２万円の寄付をしました。瓦２枚に「出版が決まりました」と書いて出しました。その日の帰り道に、高速道路で、私の目の前に大きな二重の虹が出ました。「Wレインボー」といって、吉祥ごとの知らせです。いい外応です。それから２年後に本を出版することができました。すべて「２」でつながる不思議な外応でした。そういえば、「２」は私の最大ラッキー数霊でした！　神様が時間を調整しているだけだから、大丈夫だよ、と言ってくださっていたのですね。

おわりに

この本を手に取ってくださった読者の皆様、本当にありがとうございます。

前著『神様があなたのそばにやってくる　すごい「お清め」』を上梓することができたとき、まずはなんとか1万人以上の人に幸せになるヒントを届けたい！　という気概でいっぱいでした。私の本がどうやったら必要な方の元に届くのかと、毎日ブログを更新したり、試行錯誤の中、進んできました。自分にできることならなんでもやらせていただく、そんな気持ちで取り組んできました。そんな中で、「先生10冊買って配ったよ」と言ってくださる方や、「100冊買って社員全員に贈った！」という方や、ご自分のブログでご紹介してくださる方が現れ、知らない人たちの口コミの力や、多くの皆様のお力をいただいて著書が日本中にお嫁に行き出しました。海を渡って海外の書店でも手に取ってくださる方が現れたりして、目に見えない大きな力が動き出し、『すごい「お清め」』は、どんどん版を重ねて、半年で1万部を超えることができました。すると、私のことを記事で取り上げてくださる雑誌社がどんどん現れて、毎月のように雑誌に取り上げていただけるようになり、ついに『すごい「お清め」』

は3万部を突破することができました。そして、この『呪いが解けちゃう！　すごい「お清め」プレミアム』の出版も決定したのです。

出版業界が全体的に低迷している昨今では奇跡的な出来事でした。

これも一重に神様のご神縁のおかげです。そして趨吉避凶を行い、徹底的に難を避け、開運を実践し、魔を祓って生きてきたことが間違っていなかったのだと、本当に嬉しく思い、これからも精進を重ねていきたいと思いました。

今回は「呪い」にフォーカスして本を書かせていただきました。多くの人は気が付かないうちに呪われた状態になっています。そして呪いは知らない間に強くなっていき、あなたを縛っていきます。人は「気付き」を得ないと自分を変えていけません。自分を幸せにしたいなら、自分の人生がうまくいかない理由に気付き、省みて、全力で変えていくしかないのです。そうすることで、本来あなたが向かうべき人生の使命へと続く道がついてくるのです。魔にやられる呪われた人生と今日限り縁を切って、本来のあなたが進むべき未来へ方向転換をしてください。

毎日ブログにご訪問くださる読者の皆様や、応援して励ましてくださる、まだお目にかかったこともない多くの皆様に支えていただき、この本がこの世に生まれることができました。本当にありがとうございます。

　この本を上梓するにあたり、ＫＡＤＯＫＡＷＡの方々には多大なるご尽力を賜りました。そして前回同様、かわいいイラストを描いてくださった阪本チヒロさんのお力で、読者の皆様へストレートに私が伝えたいことを伝えることができました。ありがとうございました。

　最後に、母親の桂子さんと、私を母親に選んでくれた拓弥くんに心より感謝いたします。皆様、本当にありがとうございました。

中井耀香

〔著者紹介〕

中井　耀香（なかい　ようか）

古神道数秘術家。日本人に合った開運方法を伝える。

20代の頃より、様々な占いを学び、本当に効果があるかを毎日自ら実践し、研究する日々を送る。古神道数秘術を学び、四柱推命、中国占術と融合させ、独自の方法論を確立。また、数々の神社参拝で感得したことと、海外の高名な占いの師匠などから学んだ風水学をもとに、日本人と日本の家屋に合った風水術をつくり、家そのものを神様が来る場所「パワースポット」にする方法を生み出す。占いは、その的中率の高さから「奇跡の占い！」と評判を呼び、経営者、スポーツ選手、政治家の間でも人気となり、人生の岐路にアドバイスを求めてやってくる鑑定家として有名になる。これまで15,000人の人生を幸せに導いてきた。アドバイスをもらった人の中には、会社の売上が５倍になったり、子どもを連れて離婚したあと、自分に合った仕事がみつかり、数年後に再婚した人などが現れ、続々と幸せ報告が届いている。お清めについても定評があり、鑑定を行う中で、多くの人に呪いを解く方法を伝え、運を好転させている。著書に『神様があなたのそばにやってくる　すごい「お清め」』（KADOKAWA）がある。

呪いが解けちゃう！　すごい「お清め」プレミアム　（検印省略）

2016年4月5日　第1刷発行
2016年8月23日　第5刷発行

著　者　中井　耀香（なかい　ようか）
発行者　川金　正法

発　行　株式会社KADOKAWA
〒102-8177　東京都千代田区富士見2-13-3
0570-002-301（カスタマーサポート・ナビダイヤル）
受付時間 9:00〜17:00（土日 祝日 年末年始を除く）
http://www.kadokawa.co.jp/

落丁・乱丁本はご面倒でも、下記KADOKAWA読者係にお送りください。

送料は小社負担でお取り替えいたします。

古書店で購入したものについては、お取り替えできません。

電話049-259-1100（9：00〜17：00／土日、祝日、年末年始を除く）

〒354-0041　埼玉県入間郡三芳町藤久保550-1

DTP／フォレスト　印刷・製本／凸版印刷

ISBN978-4-04-601568-6　C2076